ENGLISH
YUKATAN MAYA

Topical Dictionary

By Jessy Gonzales

Table of Contents

MAIN CONCEPTS conceptos k'ajle'

Pronouns Pronombres

I , me	Teene', teene',
you	teech
he	Leti'e'
she	Leti'
it	le je'elo'
we	To'one'
you	teech
they	Leti'ob

Basic phrases Frases ti'

Hello!	Hola!
Hello!	Hola!
Good morning!	Ma'alo'ob záastal k'iin!
Good afternoon!	Ma'alo'ob chíinil k'iin!
Good evening!	Ma'alo'ob áak'ab!
to say hello	Utia'al in wa'alik ti' hola
Hi!	Hola!
greeting	Saludo
to greet	utia'al u saludar
How are you?	Bix anikech?

What's new?	Ba'ax yaan ka'a.
Bye-Bye! Goodbye!	Adiós! Adiós!
See you soon!	Je'el k ilikba ti' uláak' k'iin!
to say goodbye	Utia'al in wa'alik ti' adiós
Cheers!	Toj!
Thank you!	Níib óolal!
Thank you very much!	Ya'ab níib óolal!
My pleasure!	Yéetel je'el bix t'aane'!
Don't mention it!	Ma' a menciones!
Excuse me!	Sa'as in si'ipil!
to excuse	utia'al u excusar
to apologize	utia'al u disculpar
My apologies	Disculpas
I'm sorry!	In akaljantik!
It's okay!	ma'alo'ob!
please	Béet
Don't forget!	Ma' a tu'ubsik!
Certainly!	Ciertamente!
Of course not!	Xane' u ma'!
Okay!	Ma'alob!
That's enough!	Suficiente!

How to address a person   Apelaciones

| mister, sir | máako', máako' |

madam	Ko'olel
miss	Ch'úupal
young man	Táankelen
young man	Táankelen
miss	Ch'úupal

Numbers from 0 to 100 Números 0 u 100

zero	Cero
one	Jump'éel
two	Ka'atúul
three	Óoxp'éel
four	Kanp'éel
five	Jo'op'éel
six	6
seven	Ukp'éel
eight	Ocho
nine	Bolontúul
ten	Lajun
eleven	Once
twelve	Doce
thirteen	Láat'ab
fourteen	Catorce
fifteen	Quince
sixteen	Dieciséis
seventeen	Diecisiete

eighteen	Waxaklajuntúul
nineteen	Bolom lajuntúul
twenty	Jun k'aal
twenty-one	veintiún
twenty-two	veintidós
twenty-three	veintitrés
thirty	Treinta
thirty-one	treinta yéetel jump'éel
thirty-two	treinta yéetel ka'ap'éel
thirty-three	treinta yéetel óoxp'éel
forty	Teen ka'a k'aal
forty-one	teen ka'a k'aal yéetel jump'éel
forty-two	teen ka'a k'aal yéetel ka'ap'éel
forty-three	teen ka'a k'aal yéetel óoxp'éel
fifty	Cincuenta
fifty-one	cincuenta yéetel juntúule'
fifty-two	cincuenta yéetel ka'ap'éel
fifty-three	cincuenta yéetel óoxp'éel
sixty	Sesenta
sixty-one	sesenta yéetel jump'éel ja'ab
sixty-two	sesenta yéetel ka'ap'éel
sixty-three	sesenta yéetel óoxp'éel
seventy	Setenta
seventy-one	setenta yéetel jump'éel

seventy-two	setenta yéetel ka'ap'éel
seventy-three	setenta yéetel óoxp'éel
eighty	Ochenta
eighty-one	ochenta yéetel jump'éel
eighty-two	ochenta yéetel ka'ap'éel
eighty-three	ochenta yéetel óoxp'éel
ninety	Noventa
ninety-one	noventa yéetel jump'éel
ninety-two	noventa yéetel ka'ap'éel
ninety-three	noventa yéetel óoxp'éel

Numbers from 100 to milliardNúmeros 100 u miliard

one hundred	Taj ya'ab
two hundred	Doscientos
three hundred	Trescientos
four hundred	Cuatrocientos
five hundred	Quinientos
six hundred	Seiscientos
seven hundred	Setecientos
eight hundred	Ochocientos
nine hundred	Novecientos
thousand	Mil
two thousand	ka'atúul mil
three thousand	óoxp'éel mil

ten thousand	Lajun mil
one hundred thousand	cien mil
million	Millones
billion	Mil millones

Ordinal Numbers Números ordinales

first	Yáax
second	Segundo
third	Ts'o'ok
fourth	Nal
fifth	Quinto
sixth	Sexto
seventh	Séptimo
eighth	Octavo
ninth	Noveno
tenth	Décimo

Fractions Fracciones

fraction	Fracción
one half	chúumuk
one third	juntúul tercio
one quarter	juntúul trimestre
one eighth	juntúul octavo
one tenth	jump'éel décima tu'ux
two thirds	ka'atúul tercios

| three quarters | óoxp'éel cuartas pak'chaje' |

Mathematical Operations — Operaciones matemáticas

subtraction	Resta
to subtract	utia'al u restar
division	División
to divide	ti' ja'atsal
addition	Adición
to add up	utia'al u sumar
to add	utia'al u añadir
multiplication	Multiplicación
to multiply	utia'al u multiplicar

Words involved in calculations — T'aano'ob involucradas ti' cálculos

figure	Yoochel
number	Meyaj ku
numeral	Meyaj ku
minus	Bey
plus	Asab
formula	Fórmula
calculation	Cálculo
to count	utia'al u xook
to compare	utia'al u comparar
How much?	Buka'aj? ¿Bajux?
How many?	Ba'ax Jaytúul.

sum, total	suma, total
result	Resultado
remainder	Yala'ab
a few ...	Ma' jach ya'ab...
few ...	Pocos...
the rest	u yala'ab
one and a half	juntúule' ka medio
dozen	Docena
in half	chumuk
equally	Ma'alo'ob xan ti' teech, beey xan ti' teech
half	Chúumuk
time	p'isib

Most important Verbs Verbos asab importantes

to run	Áalkab
to be afraid	yaantal sajakil
to take	yuk'a'il
to be	u
to see	Wil
to own	poseer
to object	utia'al u objetar
to come in	Utia'al in wokol
to choose	elegir
to go out	jok'ol
to speak	U t'aan

to cook	Cocinar
to give	Ts'áaj
to do	beetej
to trust	utia'al u confiar
to think	tuukul
to complain	utia'al u quejar
to wait	pa'atik
to forget	Tu'ubsik
to have breakfast	utia'al u uk'ul
to order	Tuméen k'uben
to finish	utia'al u ts'o'oksik
to notice	utia'al u notar
to write down	utia'al u anotar
to defend	utia'al u tokik
to call	t'anik
to know	Ojel
to know	Ojel
to play	báaxal
to go	bin
to excuse	utia'al u excusar
to change	utia'al u k'ex
to study	xook
to have	yaantal
to be interested in ...	utia'al u yaantal interesado ti'...

to inform	utia'al u informar
to look for ...	utia'al u kaxant...
to control	utia'al u controlar
to steal	Ookol
to shout	utia'al u yaawat
to go for a swim	utia'al u bin báab
to fly	utia'al u xik'nal
to catch	utia'al u chukik
to break	jaatik
to love	yáakunaj
to pray	utia'al u orar
to keep silent	utia'al ooks mak a chi'ex
can	enlatar
to observe	uts'
to hope	u alab óolal
to punish	utia'al u castigar
to insist	utia'al u insistir
to find	Kaxan
to begin	comenzar
to underestimate	utia'al u subestimar
to fancy	ti' le fantasía
to have lunch	utia'al u almorzar
to promise	utia'al u prometer
to deceive	utia'al u tuus beya'

to discuss	utia'al u discutir
to unite	utia'al u unir
to explain	utia'al u tsolik
to mean	significar u
to liberate	utia'al u liberar
to insult	utia'al u pooch'il
to stop	utia'al u je'elel
to answer	Núuk ti'
to guess right	na'atik le derecha
to refuse	utia'al u negar
to open	Je'e
to send	utia'al u túuxtik
to hunt	utia'al u ts'oon
to make a mistake	utia'al cometer jump'éel ba'alo'
to fall	lúubul
to translate	utia'al u traducir
to write	tsíib
to swim	Báab
to cry	yook'ol
to plan	utia'al u planificar
to pay	bo'otik
to turn	Girar
to repeat	utia'al u repetir
to sign	utia'al u joronts'íibtaj

to give a hint	ka u ts'áaj jump'éel pista
to show	we'esik
to help	Wáantik
to understand	utia'al u entender
to expect	pa'atik
to propose	utia'al u proponer
to prefer	u preferir
to warn	utia'al u advertir
to stop	utia'al u je'elel
to invite	Paay t'aantik k'iin u
to arrive	utia'al u k'uchul
to order	Tuméen k'uben
to belong to ...	biino'ob u...
to try	Intentar
to sell	koonol
to continue	utia'al u táanil
to pronounce	utia'al u pronunciar
to miss	utia'al u K'astal
to ask	k'áatiko'ob
to forgive	utia'al u sa'asik
to hide	Taan in ta'akik
to confuse, to mix up	confundir, xa'ak'tik
to work	Meyaj
to permit	utia'al u permitir

to count on ...	utia'al u xook yéetel...
to reserve, to book	utia'al reservar, utia'al reservar
to recommend	utia'al u recomendar
to drop	utia'al u lúubul
to scold	utia'al u k'eeyik
to run, to manage	utia'al u áalkab, utia'al gestionar
to dig	utia'al u cavar
to sit down	utia'al kutal
to say	a'al
to follow ...	t'u'uchpachtik...
to hear	wu'uyik
to laugh	che'ej
to rent	utia'al u alquilar
to advise	utia'al u nu'uk
to agree	utia'al u acordar
to regret	lamentar
to create	crear
to doubt	u dudar
to keep	mantener
to save, to rescue	utia'al ahorrar, utia'al rescatar
to ask	k'áatiko'ob
to come down	utia'al u wéensik
to compare	utia'al u comparar
to cost	Yaan u tojol

to shoot	utia'al u ts'oon
to exist	utia'al u existir
to count	utia'al u xook
to hurry	ka u ts'áaj u wóoli'
to demand	utia'al u yaayan
to be needed	Ba'ax k'abéet
to touch	utia'al u paax
to kill	Kíinsa'al
to threaten	amenazar
to be surprised	utia'al u sorprender
to have dinner	utia'al u cenar
to decorate	utia'al u decorar
to smile	utia'al u sonreír
to mention	mencionar
to participate	utia'al u táan u táakpajalo'ob
to boast	utia'al u presumir
to want	Wóotik
to be hungry	in wi'ijtal
to be thirsty	yaantal uk'aj
to read	xook
to joke	utia'al u bromear

Colors   Boonilo'ob

| colour | Boonil |

shade	Oochel
hue	Hue
rainbow	Chéelo'
white	Sak
black	Box
grey	Gris
green	Ya'ax
yellow	K'an
red	Chak
blue	Ch'ooj
light blue	ch'ooj xane'
pink	Rosa
orange	Pak'áalo'
violet	Violeta
brown	Marrón
golden	dorado
silvery	Plateado
beige	Beige
cream	Crema
turquoise	Turquesa
cherry red	chak cereza
lilac	Lila
crimson	Carmesí
light	Sáasil

dark	Éek'joch'e'en
bright	Brillante
coloured	Boonil
colour	Boonil
black-and-white	sak yéetel box
plain	Llano
multicoloured	Multicolor

Most Popular Questions — K'áat chi'oba' asab populares

Questions	K'áat chi'oba'
Who?	Máax?
What?	Wáaj ba'ax.
Where?	Ba'ax tu'ux.
Where?	Ba'ax tu'ux.
Where ... from?	Tu'ux... Ba'ax u.
When?	Ba'ax ka.
Why?	Ba'axten.
What for?	Ba'ax o'olal?
How?	Bixi?
Which?	Ba'ax ka.
To whom?	Ba'ax ti' máax.
About whom?	Ba'ax yóok'ol máax.
About what?	Ba'ax yóok'ol.
With whom?	Yéetel máax.
How many?	Ba'ax Jaytúul.

| How much? | Buka'aj? ¿Bajux? |
| Whose? | ta cuyo wáaj. |

Prepositions   Preposiciones

with	Yéetel
without	Xma'
to	Utia'al
about	acerca u
before	Ka'ache'
under	Yáanal
above	yóok'ol
on	Ti'
from	U
of	U
in	Ti'
over	Yóok'ol

Basic Introductory Words and Adverbs   T'aano'ob introductorias u ti' ka adverbios

Where?	Ba'ax tu'ux.
here	Waye'
there	te'elo'
somewhere	Biin tséel
nowhere	Mix ba'al
by	Tuméen

by the window	Tuméen le ventana
Where?	Ba'ax tu'ux.
here	Waye'
there	te'elo'
from here	tak waye'
from there	tak ti'
close	Náats'
far	Náach
not far	Ma' jach náach
left	Izquierda
on the left	ti' le izquierda
to the left	ti' le izquierda
right	Correcto
on the right	ti' le derecha
to the right	Ti' le derecha
in front	tu
front	Táan
ahead	Máanen
behind	Detrás
from behind	tak paachil
back	Paachil
middle	K'as
in the middle	ti' le ka'a
at the side	ti' le tséel

everywhere	Tu'ux quiera
around	Paach
from inside	tak yaan tu ts'u'
somewhere	Biin tséel
straight	Recto
back	Paachil
from anywhere	tak je'el ba'ax kúuchil
from somewhere	tak kúuchil
firstly	Yáax
secondly	Segundo
thirdly	Ts'o'ok
suddenly	Repentinamente
at first	ti' le principio
for the first time	Tuméen yáax ka'atéen
long before ...	Jach antes u...
for good	Ichil tuláakal le k'iino'iobo'
never	Ma'atech
again	Tu ka'atéen
now	Bejla'e'
often	frecuentemente
then	Túun
urgently	Urgentemente
usually	Ku
by the way, ...	Tu yo'olal...

possible	Páajtal
probably	Úuchak
maybe	mi je'ele'
besides ...	Beey xan...
that's why ...	Jach beetike' u...
in spite of...	Yo'olal ti'...
thanks to ...	gracias u...
what	Ba'ax
that	le
something	Jump'éel ba'al
anything, something	mixba'al, ba'al
nothing	Mix ba'al
who	Máax
someone	Máax
somebody	Máax
nobody	Mix máak
nowhere	Mix ba'al
nobody's	Mix máak
somebody's	Máax
so	Bey
also	Beey xan
too	Xan

Basic Introductory Words and Adverbs   T'aano'ob introductorias u ti' ka adverbios

Why?	Ba'axten.
for some reason	alguna o'olale'
because ...	Tuméen...
and	Ka
or	O
but	Ba'ale'
for	Utia'al
too	Xan
only	Chéen
exactly	Exactamente
about	acerca u
approximately	Yan
approximate	Aproximado
almost	Olak
the rest	u yala'ab
the other	le uláak'
other	Uláak'
each	Amal
any	Je'el
much	Ya'ab
many	Ya'ab
many people	Ya'ab máako'ob
all	tuláakal
in exchange for...	u cambio u...

in exchange	u k'eexpajal
by hand	k'ab
hardly	Táantik
probably	Úuchak
on purpose	Tu yo'olal
by accident	tumen loobo'
very	Jach
for example	je'ebix.
between	Ichil
among	Ichil
so much	seen
especially	Especialmente

Days of the week K'iino'ob le k'iino'ob

Monday	Lunes
Tuesday	Martes
Wednesday	Miércoles
Thursday	Jueves
Friday	Tak viernes
Saturday	Sábado
Sunday	Domingo
today	Bejla'e'
tomorrow	Sáamal
the day after tomorrow	Ka'abej
yesterday	Jo'oljeak

the day before yesterday	Ka'aujeak
day	K'iin
working day	jornada meyaj
public holiday	festivos k'iin
day off	libre k'iin
weekend	K'iino'ob
all day long	bul k'iin
next day	uláak' k'iine'
two days ago	ku beetik ka'ap'éel k'iin
the day before	anterior k'iin
daily	Sáansamal
every day	tuláakal le k'iino'ob
week	K'iino'ob
last week	Le k'iino'ob pasada
next week	Le k'iino'ob ku taalo'obo'
weekly	Semanal
every week	Amal k'iino'ob
twice a week	ka'atéen ti' le k'iino'ob
every Tuesday	tuláakal le martes

Times of Day   súutuko'ob k'iin

morning	Sáamal
in the morning	Ichil u sáastal k'iin
noon, midday	mediodía, mediodía

in the afternoon	Tuméen u chíinil k'iin
evening	Áak'ab
in the evening	Tuméen áak'ab
night	Áak'ab
at night	Tuméen áak'ab
midnight	Medianoche
second	Segundo
minute	Minuto
hour	P'isib
half an hour	chúumuk p'isib
quarter of an hour	nal p'isib
fifteen minutes	quince minutos
twenty four hours	veinticuatro horas
sunrise	Ka sáaschaje'
dawn	Ka sáaschaje'
early morning	líik'il ja'atskab
sunset	Chíinil k'iin
early in the morning	líik'il ja'atskab
today in the morning	Bejla'e' ja'atskab
tomorrow moning	sáamal moning
this afternoon	le chíinil k'iin
in the afternoon	Tuméen u chíinil k'iin
tomorrow afternoon	sáamal tuméen u chíinil k'iin
tonight	Ti' le áak'aba'

tomorrow night	sáamal tumen áak'ab
at 3 o'clock sharp	ti' le 3 tu Ta'aytak
about 4 o'clock	mentik kex le 4 tu Ta'aytak
by 12 o'clock	Bey ma' le 12 tu Ta'aytak
in 20 minutes	ti' 20 minutos
in an hour	ti' jump'éel p'isib
on time	Tu p'isib
a quaretr to…	jump'éel quaretr u...
withing an hour	yéetel jump'éel p'isib
every 15 minutes	Amal 15 minutos
round the clock	bul k'iin

Seasons Estaciones

January	Enero
February	Febrero
March	Marzo
April	Abrile'
May	Je'el u béeytal
June	Junio
July	Julio
August	Agosto
September	Septiembre
October	Octubre
November	Noviembre
December	Diciembre

spring	Yáax k'iino'
in spring	tu yáax k'iino'
spring	Yáax k'iino'
summer	Verano
in summer	tu verano
summer	Verano
autumn	Otoño
in autumn	tu otoño
autumn	Otoño
winter	Ke'elil
in winter	ich ke'elil
winter	Ke'elil
month	Wi'inal
this month	le wi'inal
next month	láak' wi'inalo'
last month	le wi'inal máano'
a month ago	ku beetik jump'éel winali'
in a month	ti' jump'éel winali'
in two months	ichil ka'ap'éel wi'inal
a whole month	jump'éel winali'
all month long	le wi'inal
monthly	Mensual
bi-monthly	bimensual
every month	Amal wi'inal

twice a month	ka'atéen ti' le wi'inal
year	ja'aba'
this year	le ja'aba'
next year	le láak' ja'abo'
last year	ti' le ja'ab máano'
a year ago	ku beetik jump'éel ja'abil
in a year	ti' jump'éel ja'aba'
in two years	ichil ka'ap'éel ja'abo'ob
a whole year	jump'éel ja'abil
all year long	le ja'abo'
every year	Amal ja'aba'
annual	Anual
annually	Anualmente
4 times a year	4 Óoxten ti' le ja'aba'
date	K'iinil
date	K'iinil
calendar	Calendario
half a year	chúumuk ja'aba'
six months	6 wi'inal
season	K'iinil
century	Siglo

Words about time — T'aano'ob yóok'ol le

| time | p'isib |

instant	Instantánea
instant	Instantánea
period	Período
life	Kuxtal
eternity	Eternidad
epoch	Época
era	K'iinil
cycle	Ciclo
term , period	plazo, período
the future	le futuro
future	Futuro
next time	u láak' "semana" ka'atéen
the past	le pasado
past	Máano'
last time	u ts'ook
later	Chúunk'in
after	Ku ts'o'okole'
nowadays	Bejla'e'
now	Bejla'e'
immediately	Inmediatamente
soon	Séeb
in advance	U antemano
a long time ago	úuch
recently	Ts'oonak

destiny	Destino
memories	Recuerdos
archives	Archivos
during ...	Ichil...
long, a long time	Ya'ab, ya'ab k'iin
not long	Ma' ya'ab k'iin
early	Ja'atskab
late	Chúunk'iin
forever	Mantats'
to start	káajsik
to postpone	posponer
at the same time	in wéet k'iin
permanently	Permanentemente
constant	Constante
temporary	Temporal
sometimes	Jayp'éel k'iin
rarely	Raramente
often	frecuentemente

The main antonyms   Le lailo'obo' antónimos

rich	Ki'
poor	Óotsil
ill, sick	k'oja'ano'ob, enfermos
healthy	Toj
big	nojoch

small	Chichan
quickly	Jáan
slowly	Chaambel
fast	Séeb
slow	Xaan
cheerful	Alegre
sad	Óotsil
together	Múuch'
separately	P'úulo'obo'
aloud	Aloud
silently	Silenciosamente
tall	Ka'anal
low	Yáanal
deep	Taam
shallow	Superficial
yes	Je'el
no	Ma'
distant	Distante
nearby	Cercano
far	Náach
nearby	Cercano
long	Largo
short	Corto
good	ma'alob

evil	K'aas
married	Beel
single	soltero
to forbid	utia'al u prohibir
to permit	utia'al u permitir
end	Tu Xul
beginning	Principio
left	Izquierda
right	Correcto
first	Yáax
last	Ts'ook
crime	Crimen
punishment	Castigo
to order	Tuméen k'uben
to obey	Utia'al in wu'uyik
straight	Recto
curved	Curvado
heaven	Ka'anal
hell	Na
to be born	síijil
to die	kíimil utia'al u kíimil
strong	K'a'am
weak	T'ona'an
old	Úuchben máako'

young	Táankelen
old	Úuchben máako'
new	Túumben
hard	Chich
soft	O'olkij
warm	Chokoj
cold	Ke'el
fat	Arrozo'
slim	Bek'ech
narrow	Estrecho
wide	máan u chowakil,
good	ma'alob
bad	Malo K'aas
brave	Valiente
cowardly	Cobarde

Geometric shapes   Formas geométricas

square	Cuadrado
square	Cuadrado
circle	circunferencia
round	Wóolis
triangle	Triángulo
triangular	Triangular
oval	Oval

oval	Oval
rectangle	Rectángulo
rectangular	Rectangular
pyramid	Múultuuno', ti
rhombus	Rombo
trapezium	Trapecio
cube	Ch'óoy
prism	Prisma
circumference	Circunferencia
sphere	Esfera
globe	Yóok'ol kaaba'
diameter	Metros
radius	Radio
perimeter	Perímetro
centre	Múultuuno'
horizontal	Horizontales
vertical	Verticales
parallel	Paralelo
parallel	Paralelo
line	Internet ichil
stroke	Toop
straight line	internet ichil recta
curve	Curva
thin	Bek'ech

contour	Contorno
intersection	Intersección
right angle	ángulo recto
segment	Segmento
sector	Sector
side	Tséel
angle	Ángulo

Measures   Ba'axo'ob tu kano'ob

weight	Peso
length	Longitud
width	Kóoch
height	Ka'anilo'
depth	Taamil
volume	Volumen
area	Yo'osal
gram	Gramo
milligram	Miligramo
kilogram	Kilogramo
ton	Tonelada
pound	Libra
ounce	Onza
metre	Metros
millimetre	Milímetro
centimetre	Centímetro

kilometre	Kilómetro
mile	Milla
inch	pulgada
foot	Wook
yard	Yarda
square metre	ya'al u náakal cuadrado
hectare	Hectárea
litre	Litro
degree	Grado
volt	Voltios
ampere	Amperios
horsepower	Tsíimino'obo'
quantity	Cantidad
a little bit of ...	jump'íit u...
half	Chúumuk
dozen	Docena
piece	Xéet
size	Buka'aj
scale	Escala
minimum	Chen
the smallest	le asab chichan
medium	K'as
maximum	Máximo
the largest	u nojochil

Capacities K'iinil

English	Spanish
jar	Tarro
tin	Lata
bucket	Ch'óoy
barrel	Barril
basin	Cuenca
tank	Tanque
hip flask	matraz t'e'et'
jerry can	jerry je'el
cistern	Cisterna
mug	Lak
cup	Lak
saucer	Janal
glass (tumbler)	vidrio (vaso).
glass	Vidrio
stew pot	guisada
bottle	Botella
neck	Kaal
carafe	Jarra
jug	Jarra
vessel	Buque
pot	Kuum
vase	Florero

bottle	Botella
vial, small bottle	vial ti', botella chichan
tube	Tubo
sack (bag)	saco (póoj).
bag	Póoj
packet	Paquete
box	Máabeno'
box	Máabeno'
basket	Cesta

Materials   Materiales

material	Xooko'obo'
wood	Che'
wooden	Che'
glass	Vidrio
glass	Vidrio
stone	Tuunich
stone	Tuunich
plastic	Plástico
plastic	Plástico
rubber	Beyli'
rubber	Beyli'
material, fabric	xooko'obo', nook'
fabric	Nook'
paper	Ju'uno'

paper	Ju'uno'
cardboard	Cartón
cardboard	Cartón
polythene	Polietileno
cellophane	Celofán
linoleum	Linóleo
plywood	Che' contrachapada
porcelain	Porcelana
porcelain	Porcelana
clay	Arcilla
clay	Arcilla
ceramics	Ba'alo'ob yéetel k'at
ceramic	Ba'alo'ob yéetel k'at

Metalls   Metalls

metal	Metal
metal	Metal
alloy	Aleación
gold	Táak'iin
gold, golden	oro, oro
silver	Plata
silver	Plata
iron	Hierro
iron, made of iron	hierro, u meentik u hierro

steel	Acero
steel	Acero
copper	Cobre
copper	Cobre
aluminium	Aluminio
aluminium	Aluminio
bronze	Bronce
bronze	Bronce
brass	Latón
nickel	Níquel
platinum	Platino
mercury	Mercurio
tin	Lata
lead	Conducir
zinc	Cinc

Human   Ch'íijsajil

human being	ser humano
man	máak
woman	Ko'olelo'
child	Paalo'
girl	Chichan
boy	Chichan

teenager	Adolescente
old man	Úuchben máako'
old woman	nojoch ko'olelo'

Anatomy Anatomía

organism	Organismo
heart	Puksi'ik'al
blood	K'i'ik'el
artery	Arteria
vein	Vena
brain	Ta ts'o'omej
nerve	Nervio
nerves	Nervios
vertebra	Vértebra
spine	espina dorsal
stomach	Nak'
intestines	Choochel
intestine	Intestino
liver	Táaman
kidney	Yis
bone	Baako'
skeleton	Esqueleto
rib	Ch'ala'at
skull	Cráneo

muscle	Músculo
biceps	Bíceps
triceps	Tríceps
tendon	Tendón
joint	Conjunta
lungs	Pulmones
genitals	Genitales
skin	Yoot'el

Head Pool

head	Pool
face	U yich
nose	Ni'
mouth	Chi'
eye	Wich
eyes	Wicho'ob
pupil	Pupila
eyebrow	Ceja
eyelash	Táan
eyelid	Párpado
tongue	T'aano'
tooth	Koj.
lips	Chi'
cheekbones	Pómulos
gum	Beyli'

palate	Paladar
nostrils	Ni'
chin	Barbilla
jaw	Kama'ach
cheek	P'u'uk
forehead	Táan
temple	Templo
ear	Xikin
back of the head	Tu'ux posterior u pool
neck	Kaal
throat	Kaal
hair	pool
hairstyle	Peinado
haircut	Corte
wig	Peluca
moustache	Me'ex
beard	Me'ex
to have	yaantal
plait	Trenza
sideboards	Aparadores
red-haired	pelirrojo
grey	Gris
bald	Calvo
bald patch	parche calvo

| ponytail | Nej tsíimino' |
| fringe | Franja |

Body Parts Pak'chaje' u wíinkilal

hand	K'ab
arm	K'ab
finger	Yaal
thumb	Na' k'ab
little finger	yaal k'ab meñique
nail	Clavo
fist	Puño
palm	Palma
wrist	X-oron
forearm	Antebrazo
elbow	Codo
shoulder	Keléenbal
leg	Muk' ook
foot	Wook
knee	Píix
calf	Becerro
hip	T'e'et'
heel	Talón
body	Wíinkilil
stomach	Nak'

chest	Tseem
breast	seno
flank	Flanco
back	Paachil
lower back	baja paach
waist	Beeta'al
navel	Tuuch
buttocks	Nalgas
bottom	Tu'ux inferior
beauty mark	marca ki'ichpanil
tattoo	Tatuaje
scar	Cicatriz

Clothes Nook'

outerwear Abrigos

clothes	Nook'
outer clothing	exterior nook'
winter clothing	nook' ke'elil
overcoat	Piixil
fur coat	Piixil
fur jacket	chaqueta u yoot'el
down coat	capa kaambal
jacket	Chaqueta

| raincoat | Impermeable |
| waterproof | Impermeable |

Clothes   Nook'

shirt	Búuk
trousers	Nook'o'ob
jeans	Jeans
jacket	Chaqueta
suit	Tin taasaj
dress	Nook'e'
skirt	Falda
blouse	Blusa
knitted jacket	chaqueta ch'aaj
jacket	Chaqueta
T-shirt	Camiseta
shorts	Nook'o'ob Kóomtak
tracksuit	Chándal
bathrobe	Albornoz
pyjamas	Pijamas
sweater	Suéter
pullover	Jersey
waistcoat	Chaleco
tailcoat	piixil u nej
dinner suit	Tin taasaj cena
uniform	Xan

work wear	desgaste le meyaj
boiler suit	Tin taasaj caldera
coat	Capa

Undergarments Interior nook'

underwear	Interior nook'
vest	chaleco
socks	Calcetines
nightgown	Camisón
bra	Sujetador
knee highs	Xolokbalen altas
tights	Medias
stockings	Medias
swimsuit, bikini	Tin taasaj u wichkíil, bikini

Hats P'óoko'ob

hat	P'óok
trilby hat	p'óok trilby
baseball cap	gorra béisbol
flatcap	flatcap
beret	Boina
hood	Capucha
panama	Panamá
knitted hat	p'óok ch'aaj
headscarf	Velo

women's hat	p'óok le ko'olelo'
hard hat	Chich p'óok
forage cap	maak forraje
helmet	Casco
bowler	Bolos
top hat	p'óok superior

Shoes   Xanab

footwear	Xanab
ankle boots	Botines
shoes	Xanab
boots	Botas
slippers	Zapatillas
trainers	Entrenadores
plimsolls, pumps	plimsolls, bombas
sandals	Sandalias
cobbler	Zapatero
heel	Talón
pair	Xanab
shoelace	Cordón
to lace up	utia'al alaar tak
shoehorn	Calzador
shoe polish	Betún

Tissue   Wa'ak'al

cotton	Taman
cotton	Taman
flax	Lino
flax	Lino
silk	Seda
silk	Seda
wool	Tso'otsel tama
woollen	Tso'otsel tama
velvet	Terciopelo
suede	Tu taan
corduroy	Pana
nylon	Nylon
nylon	Nylon
polyester	Poliester
polyester	Poliester
leather	Cuero
leather	Cuero
fur	Yoot'el
fur	Yoot'el

Accessories   Accesorios

gloves	Guantes
mittens	Guantes

scarf	Bufanda
glasses	Gafas
frame	Marco
umbrella	Paraguas
walking stick	Xóolte'
hairbrush	Cepillo
fan	Ventilador
tie	Corbata
bow tie	Pajarita
braces	ortodoncia
handkerchief	Tanjay
comb	Xaache'
hair slide	tobogán u tso'otsel
hairpin	Horquilla
buckle	Hebilla
belt	Nook'o'
shoulder strap	correa u keléenbal
bag	Póoj
handbag	Póoj
rucksack	Mochila

Nook'

| fashion | Moda |
| in vogue | tu boga |

fashion designer	diseñador moda
collar	lech kaal
pocket	Pooj
pocket	Pooj
sleeve	Manga
hanging loop	bucle colgante
flies	Ya'axkach
zip	Zip
fastener	Sujetador
button	Botón
buttonhole	Ojal
to come off	yo'osal in jóok'ol
to sew	utia'al u coser
to embroider	utia'al u bordar
embroidery	Bordado
sewing needle	aguja u coser
thread	Ti' k'uuch
seam	Chuuy
to get dirty	utia'al u ensuciar
stain	Mancha
to crease, crumple	utia'al arrugar, arrugar
to tear	utia'al u rasgar
clothes moth	polilla nook'

toothpaste	Crema dental
toothbrush	Cepillo koj.
to clean one's teeth	utia'al u cho'oik koj.
razor	navaja
shaving cream	crema u afeitar
to shave	afeitar
soap	Jabón
shampoo	Champú
scissors	Tijeras
nail file	archivo wiich'ak
nail clippers	Cortaúñas
tweezers	Pinzas
cosmetics	Cosméticos
face mask	Mascarilla
manicure	Manicura
to have a manicure	utia'al u yantal jump'éel manicura
pedicure	Pedicura
make-up bag	sáabukan maquillaje
face powder	Táan u yich máak juuch'bil
powder compact	lu'umil compacto
blusher	Colorete
perfume	Ki'ibook

toilet water	ja' le inodoro
lotion	Loción
cologne	Colonia
eyeshadow	Oochel
eyeliner	Delineador
mascara	Rímel
lipstick	Labial ch'ilibts'íib
nail polish	Esmalte
hair spray	spray utia'al u tso'otsel u pool
deodorant	Desodorante
cream	Crema
face cream	Táan u yich máak crema
hand cream	crema u k'ab
anti-wrinkle cream	crema antiarrugas
day cream	crema k'iin
night cream	crema u yáak'abtal
tampon	Tampón
toilet paper	ju'un higiénico
hair dryer	secador u tso'otsel

Jewelry   Joyería

jewellery	Joyería
precious	Precioso
hallmark	Sello
ring	Ts'ipit k'ab

wedding ring	ts'ipit k'ab ts'o'okol beelo'
bracelet	Pulsera
earrings	Pendientes
necklace	Lech kaal
crown	Corona
bead necklace	lech kaal ba'ax menta'abij
diamond	Diamante
emerald	Esmeralda
ruby	rubí
sapphire	Zafiro
pearl	Yaxil tun
amber	Ámbar

Watch   P'isibo'

watch	P'isibo'
dial	Marcar
hand	K'ab
bracelet	Pulsera
watch strap	correa p'isibo'
battery	Batería
to be flat	utia'al táats' che'
to change a battery	utia'al u k'ex juntúul batería
to run fast	utia'al u áalkab séeb
to run slow	utia'al u wáalkab xaan

wall clock	p'isibo' pak'o'
hourglass	P'isibo'
sundial	P'isibo'
alarm clock	Despertador
watchmaker	Toj
to repair	utia'al u wutskintik

Food   víveres

Food víveres

meat	Bak'
chicken	Kaaxo'
young chicken	kaaxo' táankelem
duck	Kutsja'o'
goose	Ganso
game	Báaxal
turkey	Turquía
pork	K'éek'eno'
veal	Ternera
lamb	Cordero
beef	Bak'
rabbit	T'u'ul
sausage	Salchicha
Vienna sausage	Salchicha u Viena

bacon	Tocino
ham	Jamón
gammon	Gammon
pate	Paté
liver	Táaman
lard	K'aab tsaats
mince	Picada
tongue	T'aano'
egg	Je'
eggs	Je'
egg white	sáasil je'
egg yolk	Yema
fish	Kaaye'
seafood	Xa'akta'an
crustaceans	Crustáceos
caviar	Caviar
crab	Cangrejo
prawn	Gambas
oyster	Ostra
spiny lobster	saak'o' espinosa
octopus	Pulpo
squid	Calamar
sturgeon	Esturión
salmon	Salmón

halibut	Halibut
cod	Bacalao
mackerel	Caballa
tuna	Atún
eel	Anguila
trout	Trucha
sardine	Sardina
pike	Pike
herring	Arenque
bread	Waaj
cheese	Queso
sugar	Monkaab
salt	Ta'ab/jok'en
rice	Arroz
pasta	pasta
noodles	Fideos
butter	Mantequilla
vegetable oil	tsaats vegetal
sunflower oil	tsaats girasol
margarine	Margarina
olives	Aceitunas
olive oil	tsaats oliva
milk	Yiim
condensed milk	yiim condensada

yogurt	Yogur
sour cream	leche
cream	Crema
mayonnaise	Mayonesa
buttercream	Crema
groats	Grañones
flour	Harina
tinned food	janalbe'eno'ob enlatados
cornflakes	Cereales
honey	In yakunaj
jam	Mermelada
chewing gum	Cha'acho'

Drinks   Bebidas

water	Ja'
drinking water	potable ja'
mineral water	mineral ja'
still	Láayli'
carbonated	Carbonatadas
sparkling	Espumoso
ice	Hielo
with ice	yéetel hielo
non-alcoholic	Ma' alcohol
soft drink	Ja'
cool soft drink	ts'o'onota' ja'

lemonade	Limonada
spirits	Pixano'ob
wine	Taal
white wine	tal sak
red wine	tal tinto
liqueur	Licor
champagne	Champán
vermouth	Vermut
whisky	whisky
vodka	Vodka
gin	Ginebra
cognac	Coñac
rum	Ron
coffee	Uk'aj chuuk waj
black coffee	café box
white coffee	café sak
cappuccino	Capuchino
instant coffee	uk'aj chuuk waj instantáneo
milk	Yiim
cocktail	Cóctel
milk shake	Batido
juice	K'aab
tomato juice	k'aab p'aak'
orange juice	k'aab pak'áal

freshly squeezed juice	k'aab recién exprimido
beer	K'áaj ja'
lager	K'áaj ja'
Dark Beer	K'áaj ja' Oscura
tea	Té
black tea	té box
green tea	ya'ax té

Vegetables Verduras

vegetables	Verduras
greens	Ya'ax
tomato	P'aak'
cucumber	Pepino
carrot	Zanahoria
potato	Patata
onion	Kukuto'
garlic	Ajo
cabbage	Col
cauliflower	Coliflor
Brussels sprouts	Coles u Bruselas
broccoli	Brócoli
beetroot	Remolacha
aubergine	Berenjena
Zucchini	Calabacín

pumpkin	K'úum
turnip	Nabo
parsley	Perejil
dill	Eneldo
lettuce	Lechuga
celery	Apio
asparagus	Espárragos
spinach	Espinacas
pea	Guisante
beans	Bu'ul
maize	Ixi'im
kidney bean	Bu'ul
bell pepper	Pimiento
radish	Rábano
artichoke	Alcachofa

Fruits and Nuts Yach máan ki' yéetel u yich secos

fruit	Fruta
apple	manzana
pear	Pera
lemon	Limón
orange	Pak'áalo'
strawberry	Fresa
tangerine	Mandarina
plum	Abalo'

peach	Melocotón
apricot	Albaricoque
raspberry	Frambuesa
pineapple	Piña
banana	Ja'as
watermelon	Chak bojonja'
grape	Uva
sour cherry	cereza su'uts' páak'al
sweet cherry	cereza ch'ujuk
melon	Melón
grapefruit	Pomelo
avocado	Oom
papaya	jaanal put
mango	mango
pomegranate	Granada
redcurrant	Grosella
blackcurrant	Grosella box
gooseberry	Grosella
bilberry	Arándano
blackberry	Blackberry
raisin	Ku yúuchul
fig	higo
date	K'iinil
peanut	Cacahuete

almond	Almendra
walnut	Nuez
hazelnut	Avellana
coconut	Coco
pistachios	Pistachos

Bread and Sweets   Waaj yéetel maanajo'ob ch'ujuk

confectionery	Confitería
bread	Waaj
biscuits	Galletas
chocolate	chukwa'
chocolate	chukwa'
sweet	Ch'ujuk
cake	Pastel
cake	Pastel
pie	Pastel
filling	Xa'ak'tan yéetel
jam	Mermelada
marmalade	Mermelada
waffle	Waffle
ice-cream	síis
pudding	Pudín

Courses   Kaambalo'ob

| course, dish | Ba'axten supuesto lako' |

cuisine	K'óoben
recipe	Receta
portion	Porción
salad	Xe'ek'o'ob
soup	Ya'ach'
clear soup	sopa Clarae'
sandwich	Sándwich
fried eggs	fritos je'
cutlet	Chuleta
hamburger	Hamburguesa
steak	Bistec
roast meat	k'a'atbil bak'
garnish	Decorar
spaghetti	Espaguetis
mash	Puré
pizza	Pizza
porridge	Gachas
omelette	Waaj
boiled	Hervida
smoked	Ahumado
fried	Xo'xo'ot'
dried	Tijilo'ob
frozen	Congelado
pickled	Encurtido

sweet	Ch'ujuk
salty	Ch'óoch'
cold	Ke'el
hot	Chokoj
bitter	K'áaj
tasty	Ki'
to cook	Cocinar
to cook	Cocinar
to fry	utia'al u tsajal
to heat up	utia'al u k'íintik
to salt	ti' le ta'abo'
to pepper	u ts'ulubmay
to grate	utia'al rallado
peel	Pele
to peel	utia'al u ka'aj pool

Spices and seasonings — Especias ka condimentos

salt	Ta'ab/jok'en
salty	Ch'óoch'
to salt	ti' le ta'abo'
black pepper	ts'ulubmay box
red pepper	pimiento chak
mustard	Mostaza
horseradish	Rábano páapo'

condiment	Xa'ak'o'
spice	Especia
sauce	Yaan
vinegar	Suuts' kio'
anise	Anís
basil	Kakaltun
cloves	Koj.
ginger	Jengibre
coriander	Cilantro
cinnamon	Canela
sesame	Sésamo
bay leaf	Laurel
paprika	Pimiento
caraway	Alcaravea
saffron	Azafrán

Words for eating T'aano'ob jaantej

food	víveres
to eat	jaantej
breakfast	Yuk'ul
to have breakfast	utia'al u uk'ul
lunch	Almuerzo
to have lunch	utia'al u almorzar
dinner	Cena
to have dinner	utia'al u cenar

appetite	Wi'ijlajken
Enjoy your meal!	Disfruta u a wo'och!
to open	Je'e
to spill	utia'al u Wéekek
to spill out	utia'al u Wéekek
to boil	u look
to boil	u look
boiled	Hervida
to cool	utia'al u síistal
to cool down	utia'al u síistal
taste, flavour	sabor ti', sabor
aftertaste	Regusto
to be on a diet	utia'al u yaantal dieta
diet	Dieta
vitamin	Vitamina
calorie	Calorías
vegetarian	Vegetariano
vegetarian	Vegetariano
fats	Grasas
proteins	Proteínas
carbohydrates	Carbohidratos
slice	Jun xéet'o
piece	Xéet
crumb	Miga

spoon	Cuchara
knife	Xotob
fork	Tenedor
cup	Lak
plate	Placa
saucer	Janal
serviette	Ch'a'aj
toothpick	Palillo

Restaurant Restaurante

restaurant	Restaurante
coffee bar	cafetería
pub	Pub
tearoom	Confitería
waiter	Camarero
waitress	Camarera
barman	barman
menu	Menú
wine list	k'uben t'aano' vinos
to book a table	utia'al reservar jump'éel mayak'che'
course, dish	Ba'axten supuesto lako'
to order	Tuméen k'uben
to make an order	utia'al u meentik jump'éel pedido

aperitif	Aperitivo
starter	Arrancador
dessert	Postre
bill	factura
to pay the bill	utia'al u bo'otik le factura
to give change	ka u ts'áaj k'exaj
tip	Propina

Circundante

Questionnaire   Cuestionario

name, first name	nombre, nombre
family name	uláak'
date of birth	Ba'ax k'iin síijech
place of birth	Kúuchil a síijil
nationality	Nacionalidad
place of residence	kúuchil residencia
country	Lu'uma'
profession	Profesión
gender, sex	género, peele'
height	Ka'anilo'
weight	Peso

Relatives   Láak'tsilo'obe'

mother	Na'
father	Yuum
son	Paal
daughter	Waal
younger daughter	waal menor
younger son	paal menor
eldest daughter	asab waal
eldest son	asab paal
brother	Suku'un
sister	Kiik
cousin	Ka'a suku'un
cousin	Ka'a suku'un
mummy	Momia
dad, daddy	yuum, yuum
parents	Yúumo'ob
child	Paalo'
children	Paalalo'ob
grandmother	Chiich
grandfather	Nool
grandson	Wáabil
granddaughter	Wáabilo'
grandchildren	Wáabilo'ob
uncle	Ts'eyuum
aunt	Ix

nephew	Soobe'
niece	Soob
mother-in-law	suegra
father-in-law	ka'ayuum
son-in-law	ja'ano'
stepmother	Madrastra
stepfather	Padrastro
infant	Infantil
baby	Le chan paalo'
little boy	Paalo'
wife	Watan
husband	Wíicham
married	Beel
married	Beel
single	soltero
bachelor	Soltero
divorced	Divorciado
widow	Viuda
widower	Ma' atan
relative	Relativa
close relative	láak'tsil cercano
distant relative	láak'tsil lejano
relatives	Láak'tsilo'obe'
orphan	Huérfano

guardian	Jkanan
to adopt	máatik
to adopt	máatik

Friends and Collegues Etail yéetel colegas

friend	Etail
friend, girlfriend	éet láak, x ba'al
friendship	Amistad
to be friends	utia'al u yetailo'ob
pal	Camarada
pal	Camarada
partner	Socio
chief	Nojchilo'ob.
boss, superior	nojchilo'ob, superior
subordinate	Subordinado
colleague	Colega
acquaintance	K'ajóolta'an
fellow traveller	láak' náachil
classmate	Láak'
neighbour	Vecino
neighbour	Vecino
neighbours	Máako'ob te' tséelilo'

Words about people T'aano'ob yóok'ol le máako'ob

| woman | Ko'olelo' |

girl, young woman	ch'úupalo' ti', ko'olelo' táankelem
bride, fiancee	x ba'al, prometida
beautiful	Ki'ichpam
tall	Ka'anal
slender	Bek'ech
short	Corto
blonde	Rubia
brunette	Yi'ij
ladies'	ko'olelo'obo'
virgin	Ko'olebilo'
pregnant	Embarazada
man	máak
blond haired man	máak pool u peludo
dark haired man	máak tso'otsel éek'joch'e'en
tall	Ka'anal
short	Corto
rude	Grosero
stocky	Robusto
robust	Robusto
strong	K'a'am
strength	Muuk'
stout, fat	Asab uts, polok
swarthy	Yoot'el
well-built	ma'alob betabi'

| elegant | Elegante |

Age — **Ts'o'oka'an**

age	Ts'o'oka'an
youth	Juventud
young	Táankelen
younger	asab táankelem xi'ipalo'
older	Mayor
young man	Táankelen
guy, fellow	chico, láak'
old man	Úuchben máako'
old woman	nojoch ko'olelo'
adult	Nojoch máak
middle-aged	u mediana ts'o'oka'an
elderly	Nukuch máako'ob
old	Úuchben máako'
to retire	Ka tselik yóok'ol u
pensioner	Pensionista

Children — **Paalalo'ob**

child	Paalo'
children	Paalalo'ob
twins	Gemelos
cradle	Cuna
rattle	Sonajero
nappy	Panal

dummy, comforter	muñeco, edredón
pram	Cochecito
nursery	guardería
babysitter	Niñera
childhood	Infancia
doll	X-oron
toy	Báaxal
construction set	nu'ukulo'ob construcción
well-bred	ma'alob educado
ill-bred	K'aas educado
spoilt	Estropeado
to be naughty	utia'al travieso
mischievous	ko'
mischievousness	Malicia
mischievous child	chan paalo' travieso
obedient	U'yaj t'aan
disobedient	Yu'ubik t'aan
docile	Dócil
clever	Na'at
child prodigy	paal prodigio

Kuxtal casada

Kuxtal casada

to kiss	utia'al u besar
to kiss	utia'al u besar
family	Ch'i'ibalil
family	Ch'i'ibalil
couple	Xanab
marriage	Matrimonio
hearth	Wotoch
dynasty	Dinastía
date	K'iinil
kiss	Ts'u'uts'
love	Yaakunaj
to love	yáakunaj
beloved	Amado
tenderness	Ternura
tender	Tierno
faithfulness	Fidelidad
faithful	Fiel
	u kanáanil le máako'
	Bik
newlyweds	Recién Ts'o'ka'an
honeymoon	Ujo' kaab
to get married	utia'al u ts'o'okol u
to get married	utia'al u ts'o'okol u
wedding	Ts'o'okol beelo'

golden wedding	ts'o'okol beelo' táak'iin
anniversary	Aniversario
lover	Amante
mistress	Amante
adultery	Joy ts'om
to commit adultery	utia'al u cometer joy ts'om
jealous	Sawinil
to be jealous	yaantal sawinil
divorce	Divorcio
to divorce	ti' le divorcio
to quarrel	u discutir
to be reconciled	reconciliar u
together	Múuch'
sex	Peele'
happiness	Toj óolal
happy	Ki'imak
misfortune	Desgracia
unhappy	Infeliz

Feelings Sentimientos

feeling	Sensación
feelings	Sentimientos
to feel	sentir
hunger	Wi'ij
to be hungry	in wi'ijtal

thirst	Uk'aj
to be thirsty	yaantal uk'aj
sleepiness	Somnolencia
to feel sleepy	utia'al sentir ku kutaj somnoliento
tiredness	Ka'ana'anil
tired	Ka'ana'an
to get tired	utia'al u cansar
mood	Humor
boredom	Aburrimiento
to be bored	utia'al u aburrir
seclusion	Aislamiento
to seclude oneself	utia'al aislar bey wéet
to worry	utia'al u preocupar
to be worried	yaantal preocupado
anxiety	Ansiedad
preoccupied	Preocupado
to be nervous	yaantal nervioso
to panic	Utia'al in wokol ichil pánico
hope	Alab óolal
to hope	u alab óolal
certainty	Certeza
certain, sure	jaaj, yantio'ob
uncertainty	Incertidumbre
uncertain	Incierto

drunk	Kala'an
sober	Sobrio
weak	T'ona'an
happy	Ki'imak
to scare	utia'al u ja'asik
rage	Rabia
depression	Depresión
discomfort	Malestar
comfort	Comodidad
to regret	lamentar
regret	suut óolil
bad luck	K'aas k'intaj ti'
sadness	Yaj óolal
shame	Su'utalil
merriment	Ki'imak óolil
enthusiasm	Ki'imak óolal
enthusiast	Entusiasta
to show enthusiasm	Utia'al in we'esik ki'imak óolal

Personal Traits   Miatsilo' xookilo'

character	Ku
character flaw	defecto ku
mind	Tin tuukul
reason	O'olal

conscience	Yóolo'ob
habit	Hábito
ability	Buka'aj u ba'al
can	enlatar
patient	K'oja'an
impatient	Impaciente
curious	Curioso
curiosity	Curiosidad
modesty	Modestia
modest	Modesto
immodest	Inmodesto
lazy	Perezoso
lazy person	máak perezosa
cunning	Astucia
cunning	Astucia
distrust	Desconfianza
distrustful	Desconfiado
generosity	Generosidad
generous	Generoso
talented	Talentoso
talent	Chich óolal
courageous	Valiente
courage	Ku
honest	Honesto

English	Translation
honesty	Honestidad
careful	Bik
courageous	Valiente
serious	Serio
strict	Estricto
decisive	Decisivo
indecisive	Indeciso
shy, timid	Su'ulak, Su'ulak
shyness, timidity	timidez ti', timidez
confidence	Jets' óol
to believe	Creer
trusting, naive	confiando, ingenuo
sincerely	Sinceramente
sincere	Sincero
sincerity	Sinceridad
calm	Jetsel
frank	Frank
naive, naive	ingenuo, ingenuo
absent-minded	distraído
funny	Jats'utsile'
greed	Avaricia
greedy	Codicioso
evil	K'aas
stubborn	Terco

unpleasant	Desagradable
selfish person	máak ts'u'ut
selfish	Ts'u'ut
coward	Cobarde
cowardly	Cobarde

Sleep Weenel

to sleep	weenel
sleep, sleeping	weenel, weenel
dream	Weenel
to dream	Utia'al in náay
sleepy	somnoliento
bed	Taas che'o'
mattress	Colchón
blanket	Manta
pillow	Almohada
sheet	Le'
insomnia	Insomnio
sleepless	Insomnio
sleeping pill	Somnífero
to take a sleeping pill	utia'al u ch'a' juntúul somnífero
to feel sleepy	utia'al sentir ku kutaj somnoliento
to yawn	utia'al u Nika'aj jaayab
to go to bed	bin le Taas che'o'
to make up the bed	utia'al u beta'al le Taas che'o'

to fall asleep	utia'al u weenel
nightmare	Pesadilla
snoring	Ronquidos
to snore	u ronquear
alarm clock	Despertador
to wake	utia'al u yáajsik
to wake up	Wajal u
to get up	utia'al u líik'il u
to wash oneself	utia'al u p'o' bey wéet
Laugh	**che'ej**
humour	Humor
sense of humour	sentido le humor
to have fun	divertir u
cheerful	Alegre
merriment, fun	ki'imak óolil, diversión
smile	Sonrisa
to smile	utia'al u sonreír
to start laughing	utia'al u che'ej
to laugh	che'ej
laugh, laughter	che'ej, che'ej
anecdote	Anécdota
funny	Jats'utsile'
funny	Jats'utsile'

t'aan

to joke, to be kidding	utia'al bromear, yo'osal u yaantal u a báaxal
joke	Broma
joy	Ki'imak óolil
to rejoice	utia'al u regocijar
glad	Ki'imak u yóol

Communication / Comunicación

communication	Comunicación
to communicate	utia'al a t'aani'
conversation	Tsikbal
dialogue	Diálogo
discussion	Discusión
debate	Debate
to debate	utia'al u debatir
interlocutor	interlocutor
topic	Chun tuukulo'
point of view	ch'aaj u sáasil
opinion	Óolnake'
speech	T'aan
discussion	Discusión
to discuss	utia'al u discutir
talk	U t'aan
to talk	utia'al u t'aan
meeting	Múuch'tambale'
to meet	utia'al u kaxtik

proverb	Proverbio
saying	Wa'alik
riddle	Acertijo
to ask a riddle	utia'al u k'áatik juntúul acertijo
password	Contraseña
secret	Mukul tsikbal
oath	Juramento
to swear	utia'al u jurar
promise	Jóok' chi'
to promise	utia'al u prometer
advice	Tsolxikin
to advise	utia'al u nu'uk
to follow one's advice	utia'al u t'u'uchpachtik tsolxikin juntúul
news	T'aano'ob
sensation	Sensación
information	A'alajil t'aan
conclusion	Conclusión
voice	T'aan
compliment	U beetiko'ob u meyajil
kind	Bin yano'ob
word	T'aano'
phrase	Frase
answer	Núukik
truth	Jaaj

lie	Tuus
thought	Tin tukultaj
idea	Tuukul
fantasy	Fantasía

Talk U t'aan

respected	Respetado
to respect	utia'al u respetar
respect	Respeto
Dear...	Querido...
to introduce	utia'al u introducir
to make acquaintance	utia'al u K'ajóolt
intention	Intención
to intend	utia'al u intentar
wish	Kin ts'íiboltik
to wish	ts'íiboltik
surprise	Sorpresa
to surprise	utia'al u sorprender
to be surprised	utia'al u sorprender
to give	Ts'áaj
to take	yuk'a'il
to give back	utia'al u suuto'ob
to return	Suut
to apologize	utia'al u disculpar

apology	Sa'as in si'ipil
to forgive	utia'al u sa'asik
to talk	utia'al u t'aan
to listen	wu'uyik
to hear... out	wu'uyik... tak náachil
to understand	utia'al u entender
to show	we'esik
to look at ...	utia'al u paakat...
to call	t'anik
to distract	utia'al u náaysik u yóol
to disturb	utia'al u p'u'ujul
to pass	utia'al u máan
demand	Yaantal
to request	utia'al u solicitar
demand	Yaantal
to demand	utia'al u yaayan
to tease	utia'al u burlar
to mock	utia'al u burlar
mockery, derision	burla, escarnio
nickname	Apodo
allusion	Alusión
to allude	utia'al u aludir
to imply	implicar
description	Descripción

to describe	utia'al u describir
praise	Alabanza
to praise	utia'al u alabar
disappointment	Decepción
to disappoint	utia'al u decepcionar
to be disappointed	utia'al u decepcionar
supposition	Suposición
to suppose	utia'al u suponer
warning, caution	advertencia, precaución
to warn	utia'al u advertir
to talk into	utia'al u t'aan ti'
to calm down	utia'al u calmar
silence	Mak a chi'ex
to keep silent	utia'al ooks mak a chi'ex
to whisper	utia'al u susurrar
whisper	Susurro
frankly	Francamente
in my opinion ...	ti' in óolnake'...
detail	Detalle
detailed	Detallada
in detail	tu detalle
hint, clue	pista, pista
to give a hint	ka u ts'áaj jump'éel pista
look	ll

to have a look	utia'al echar jump'éel vistazo
fixed	Fijo
to blink	utia'al u parpadear
to wink	utia'al u guiñar le guiño
to nod	u afición
sigh	Suspiro
to sigh	utia'al u suspirar
to shudder	utia'al u estremecimiento
gesture	Gesto
to touch	utia'al u paax
to seize	utia'al u apoderar
to tap	utia'al u paax
Look out!	Bik!
Really?	Ba'ax jach.
Good luck!	Ma'alo'ob k'intaj!
I see!	Táan in wilik!
It's a pity!	Leti' jump'éel lástima!

Agreement and Disagreement — K'a'ajsikech ka desacuerdo

consent	Consentimiento
to agree	utia'al u acordar
approval	Aprobación
to approve	utia'al u aprobar
refusal	Denegación
to refuse	utia'al u negar

Great!	Nojoch!
All right!	Taj ma'alo'ob!
Okay!	Ma'alob!
forbidden	Prohibido
it's forbidden	Táan prohibido
incorrect	Incorrecta
to reject	rechazar
to support	utia'al u yáanta'al
to accept	utia'al u k'aam
to confirm	utia'al u confirmar
confirmation	U ya'aliko'ob
permission	Permiso
to permit	utia'al u permitir
decision	K'alt'aan
to say nothing	Tuméen ma' wa'alik ba'al
condition	A
excuse	Excusa
praise	Alabanza
to praise	utia'al u alabar

Success and defeat   Le éxito yéetel le derrota

success	Éxito
successfully	Exitosamente
successful	Exitoso

good luck	Ma'alo'ob k'intaj
Good luck!	Ma'alo'ob k'intaj!
lucky	Ti' k'intaj
lucky	Ti' k'intaj
failure	Fracaso
misfortune	Desgracia
bad luck	K'aas k'intaj ti'
unsuccessful	Fracasado
catastrophe	Catástrofe
pride	Orgullo
proud	Ku yu'ubikuba
to be proud	utia'al u yaantal ku yu'ubikuba
winner	Ganador
to win	Náajal
to lose	K'astal
try	K'aax
to try	Intentar
chance	Oportunidad

Emoción negativa

shout	Awat
to shout	utia'al u yaawat
to start to cry out	utia'al u yaawat
quarrel	Ba'atelo'
to quarrel	u discutir

fight	Ba'ate'lo'
to have a fight	utia'al u yantal jump'éel ba'ate'el
conflict	Ba'atelil
misunderstanding	Malentendido
insult	Insulto
to insult	utia'al u pooch'il
insulted	Insultado
offence	Delito
to offend	utia'al u ofender
to take offence	utia'al u ofender
indignation	Indignación
to be indignant	utia'al u yaantal indignado
complaint	Queja
to complain	utia'al u quejar
apology	Sa'as in si'ipil
to apologize	utia'al u disculpar
to beg pardon	utia'al u k'áatik k'eeban
criticism	Crítica
to criticize	criticar
accusation	reproche
to accuse	utia'al u acusar
revenge	Venganza
to avenge	utia'al u vengar
to pay back	utia'al u bo'otik

disdain	Desdén
to despise	utia'al u despreciar
hatred, hate	in p'eek, in p'eek
to hate	p'eekta'al
nervous	Nervioso
to be nervous	yaantal nervioso
angry	K'uux
to make angry	utia'al u enojar
to scold???	utia'al u k'eeyik.
humiliation	Humillación
to humiliate	utia'al u humillar
to humiliate oneself	utia'al humillar juntúul wéet
shock	Choque
to shock	utia'al u conmocionar
trouble	Toop
unpleasant	Desagradable
fear	Sajakil
terrible	Terrible
scary	Sajakil
horror	Horror
awful	Horrible
to begin to tremble	utia'al u kikilankil
to cry	yook'ol
to start crying	utia'al u yok'ol

tear	Rasgón
fault	Culpa
guilt	Culpa
dishonour	Deshonra
protest	Protesta
stress	Estrés
to disturb	utia'al u p'u'ujul
to be furious	utia'al u yaantal furioso
angry	K'uux
to end	utia'al u ts'o'oksik
to be scared	yaantal sajakil
to hit	utia'al u
to fight	luchar
to settle	utia'al u establecer
discontented	Descontentos
furious	Furioso
It's not good!	Ma' uts u!
It's bad!	K'aas!

Medicine Ts'aak.

Illness K'oja'anil

| illness | K'oja'anil |
| to be ill | yaantal k'oja'an |

health	Toj
runny nose	ni' moquea
tonsillitis	Amigdalitis
cold	Ke'el
to catch a cold	utia'al coger jump'éel resfriado
bronchitis	Bronquitis
pneumonia	Neumonía
flu	Se'en ti'
short-sighted	miope
long-sighted	u chowak visor
squint	Escudriñar
squint-eyed	yéetel wicho'ob entrecerrados
cataract	Catarata
glaucoma	Glaucoma
stroke	Toop
heart attack	ataque in puksi'ik'al.
myocardial infarction	infarto miocardio
paralysis	Parálisis
to paralyse	utia'al u paralizar
allergy	Alergia
asthma	Chaambalo'
diabetes	Diabetes
toothache	Muelas
caries	Caries

diarrhoea	Wach'k'ajal
constipation	K'aal ta'
stomach upset	malestar estomacal
food poisoning	intoxicación alimentaria
to poison oneself	utia'al envenenar bey wéet
arthritis	Artritis
rickets	Raquitismo
rheumatism	Reumatismo
atherosclerosis	Ateroesclerosis
gastritis	Gastritis
appendicitis	Apendicitis
cholecystitis	Colesistitis
ulcer	Úlcera
measles	Sarampión
German measles	Sarampión alemán
jaundice	Ictericia
hepatitis	Hepatitis
schizophrenia	Esquizofrenia
rabies	Rabia
neurosis	Neurosis
concussion	Kikilankil ts'o'omel
cancer	K'ak'as k'oja'anil Cáncer
sclerosis	Esclerosis
multiple sclerosis	esclerosis múltiple

alcoholism	Alcoholismo
alcoholic	Alcohólico
syphilis	Sífilis
AIDS	Sida
tumour	Chu'uchum
fever	Chokwil
malaria	Malaria
gangrene	Gangrena
seasickness	Mareo
epilepsy	Epilepsia
epidemic	Epidemia
typhus	Tifus
tuberculosis	Tuberculosis
cholera	Cólera
plague	Plaga

Symptoms and Treatment — Taalamil yéetel u Ts'a'akal

symptom	Síntoma
temperature	Temperatura
fever	Chokwil
pulse	Pulso
giddiness	Vértigo
hot	Chokoj
shivering	Kikiláankil

pale	Pálido
cough	Se'en
to cough	utia'al u se'en
to sneeze	utia'al u estornudar
faint	T'ona'an
to faint	utia'al u desmayar
bruise	Moretón
bump	Toop
to bruise oneself	utia'al magullar juntúul wéet
bruise	Moretón
to get bruised	Utia'al in kaxtik magullado
to limp	utia'al u cojear
dislocation	Dislocación
to dislocate	utia'al u dislocar
fracture	Fractura
to have a fracture	utia'al u yantal jump'éel fractura
cut	Ch'ak
to cut oneself	ch'ak bey wéet
bleeding	Sangrado
burn	Tóok
to burn oneself	utia'al u yeelel bey wéet
to prickle	u espinoso
to prickle oneself	utia'al u espinar u juntúul wéet
to injure	utia'al u herir

injury	Lesión
wound	Yaajil
trauma	U K'astal
to be delirious	utia'al u delirante
to stutter	utia'al u tartamudear
sunstroke	Insolación
pain	Chi'ibal
splinter	Astilla
sweat	K'íilkab
to sweat	utia'al u k'iina'
vomiting	Vómitos
convulsions	Convulsiones
pregnant	Embarazada
to be born	síijil
delivery, labour	ku ts'áajik, k'ab u mayajo'
to labour	meyaj parto
abortion	Aborto
respiration	Respiración
inhalation	Inhalación
exhalation	Exhalación
to breathe out	utia'al u exhalar
to breathe in	utia'al u respirar
disabled person	discapacitado
cripple	Lisiado

drug addict	Drogadicto
deaf	Kóok
dumb	Tonto
deaf-and-dumb	kóok yéetel xma' t'aanil
mad, insane	poolech, poolech
madman	Chokoj pool
madwoman	Loca
to go insane	utia'al u k'a' chokoj pool
gene	Gene
immunity	Inmunidad
hereditary	Hereditario
congenital	Congénita
virus	Virus
microbe	Microbio
bacterium	Bacteria
infection	Infección
hospital	K'oja'ano'ob
patient	K'oja'an
diagnosis	Diagnóstico
cure	Ku ts'akik
treatment	Ts'a'akal
to get treatment	utia'al u k'amik Ts'a'akal
to treat	utia'al u k'aax
to nurse	ti' le enfermera

care	Bik
operation, surgery	meyajo'ob, cirugía
to bandage	utia'al u vendar
bandaging	Vendaje
vaccination	Ko'il
to vaccinate	utia'al u vacunar
injection, shot	inyección, inyección
to give an injection	ka u ts'áaj jump'éel inyección
attack	Ataque
amputation	Amputación
to amputate	utia'al u amputar
coma	coma
to be in a coma	yaantal ti' coma
intensive care	cuidados intensivos
to recover	utia'al u recuperar
state	Noj
consciousness	Yóolo'ob
memory	Memoria
to extract	utia'al u extraer
filling	Xa'ak'tan yéetel
to fill	utia'al u chup
hypnosis	Hipnosis
to hypnotize	utia'al u hipnotizar

Medical specialties — Especialidades ts'akankil

doctor	J-ts'aako'
nurse	Enfermera
private physician	j-ts'aako' privado
dentist	Dentista
ophthalmologist	Oftalmólogo
general practitioner	Generalista
surgeon	Cirujano
psychiatrist	Psiquiatra
paediatrician	Pediatra
psychologist	Psicólogo
gynaecologist	Ginecólogo
cardiologist	Cardiólogo

Medicines — Medicamentos

medicine, drug	ts'aako', drogas
remedy	Remedio
to prescribe	utia'al u prescribir
prescription	Receta
tablet, pill	tableta, píldora
ointment	Ungüento
ampoule	Kumja'
mixture	Xa'ak'ta'al tuláakal
syrup	Jarabe

pill	Píldora
powder	Juuch'bil
bandage	Vendaje
cotton wool	Taman
iodine	Yodo
plaster	Yeso
eyedropper	Cuentagotas
thermometer	Termómetro
syringe	Jeringa
wheelchair	xeko' ruedas
crutches	Muletas
painkiller	Analgésico
laxative	Laxante
spirit, ethanol	pixan, etanol
medicinal herbs	xíiwo'obo' ku ts'aakankil.
herbal	Herbario

Smoking   Ts'u'uts'

tobacco	K'úuts
cigarette	Chamalo'
cigar	Chamal
pipe	Pipa
packet	Paquete
matches	Partidos

matchbox	Matchbox
lighter	Encendedor
ashtray	Cenicero
cigarette case	jiri'ich cigarrillos
cigarette holder	porta cigarrillos
filter	Filtro
to smoke	utia'al u ts'u'uts'
to light a cigarette	utia'al u t'abik jump'éel chamalo'
smoking	Ts'u'uts'
smoker	Fumador
cigarette end	extremo le chamalo'
smoke	Buuts'
ash	Ta'ano'

www.ingramcontent.com/pod-product-compliance
Lightning Source LLC
Chambersburg PA
CBHW081349160726
48000CB00010B/3261

SCHNITT LINIE

FOLGEN SIE DEM EINHORN

SCHNITT LINIE

FOLGEN SIE DEM EINHORN

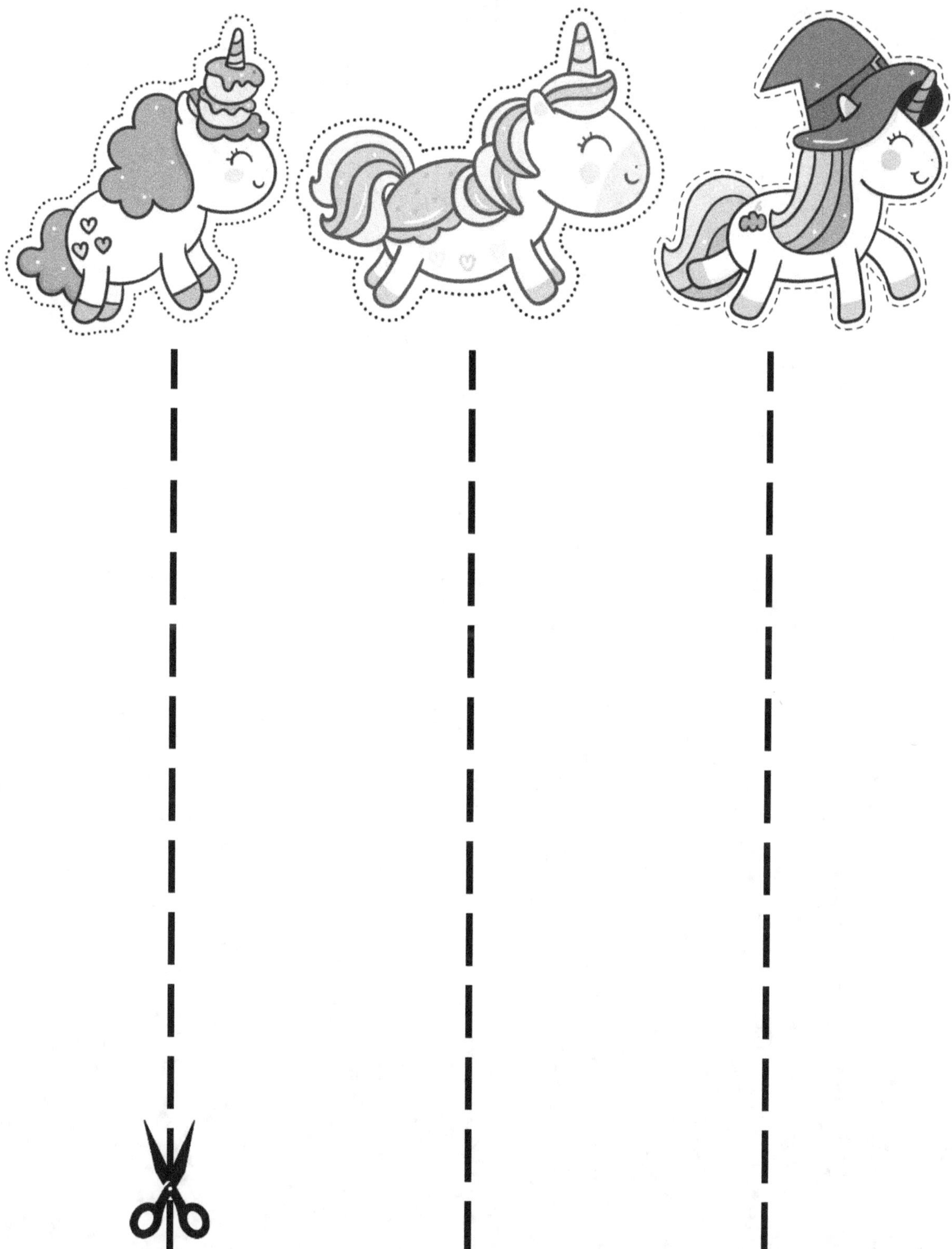

SCHNITT LINIE

FOLGEN SIE DEM EINHORN

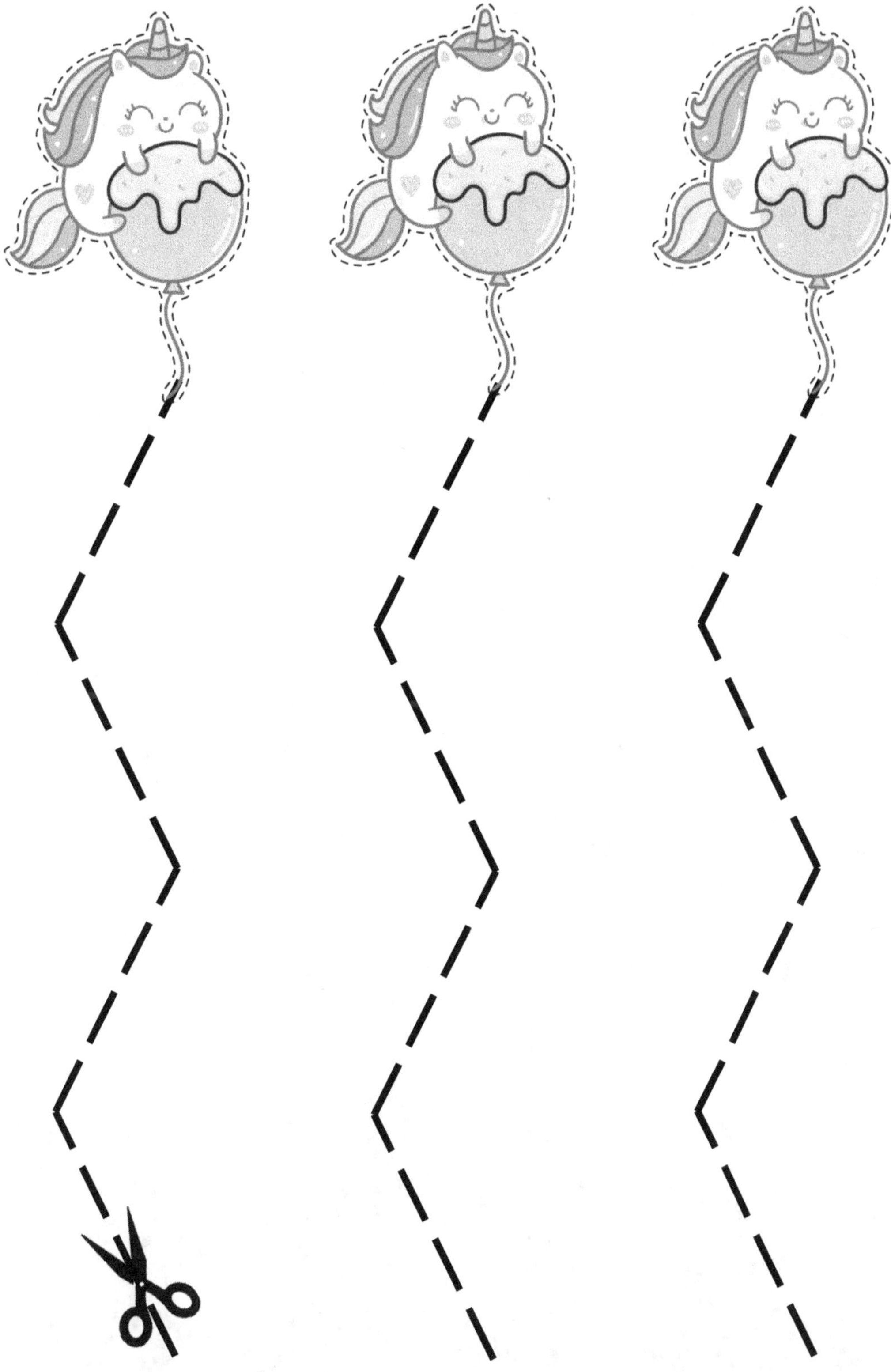

SCHNITT LINIE

FOLGEN SIE DEM EINHORN

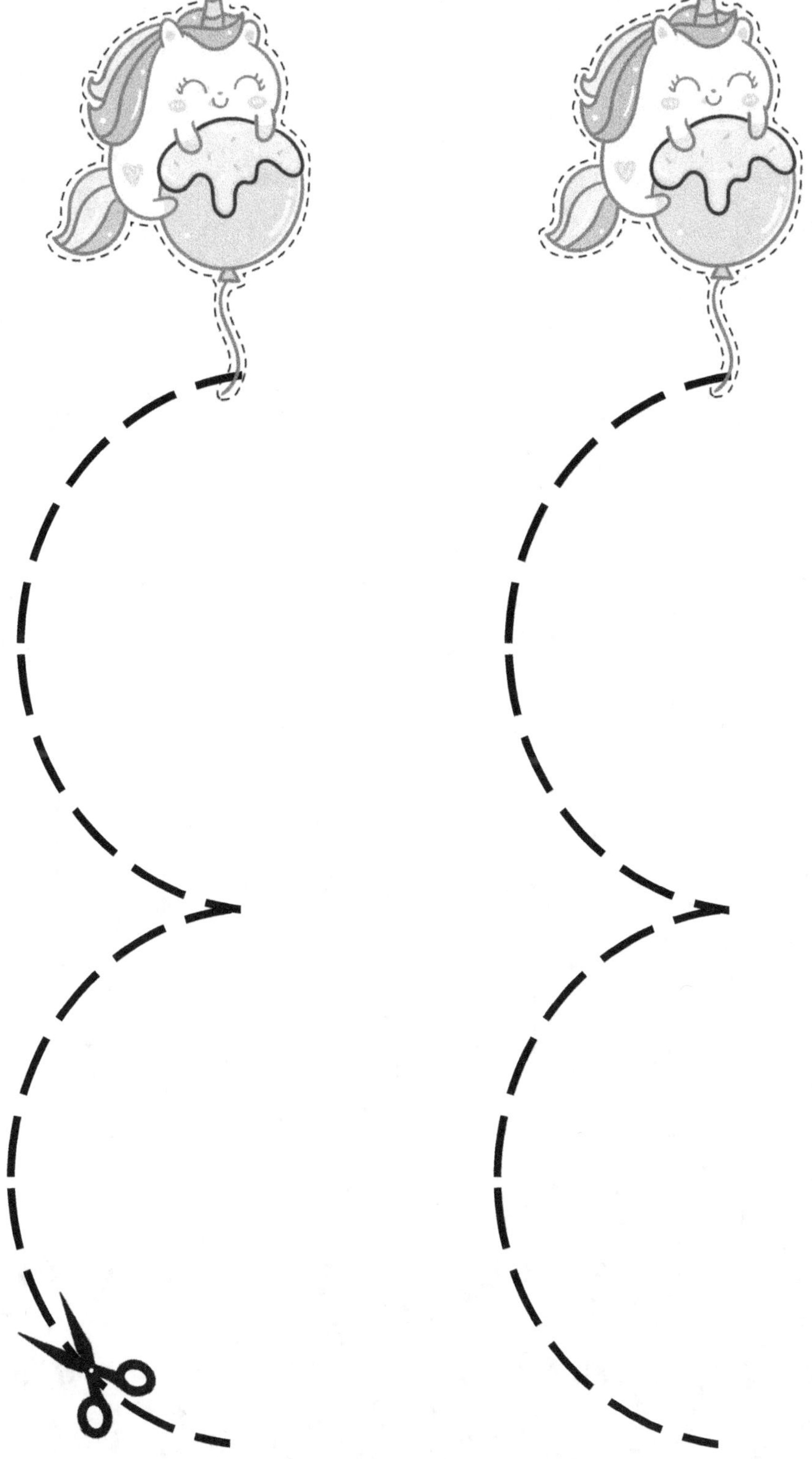

SCHNITT LINIE

FOLGEN SIE DEM EINHORN

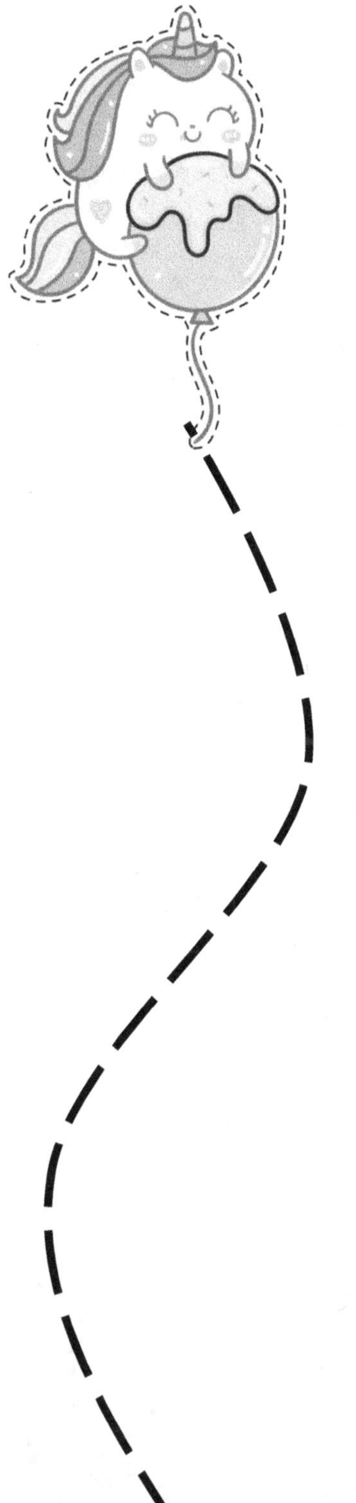

SCHNITT LINIE

FOLGEN SIE DEM EINHORN

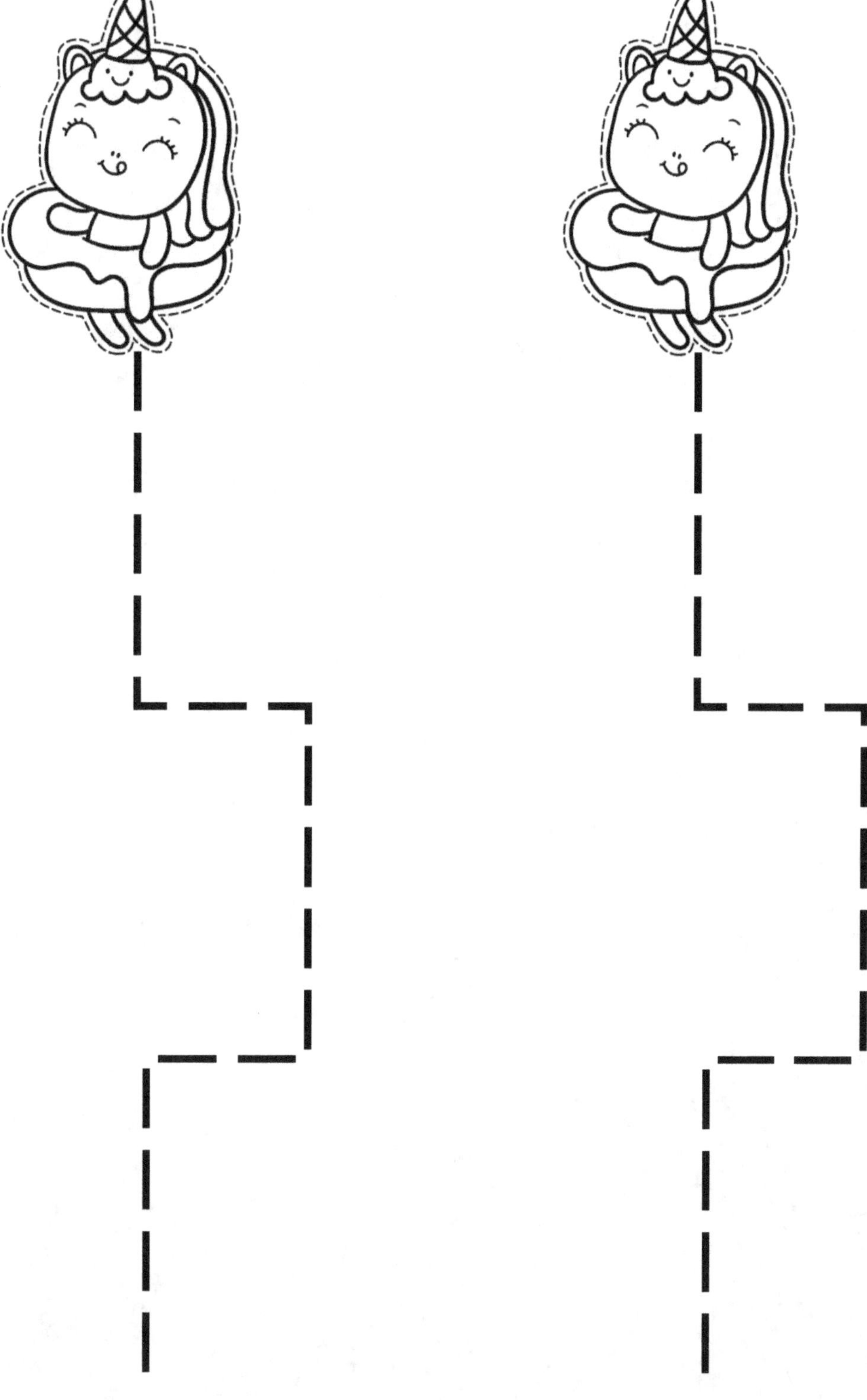

SCHNITT LINIE

FOLGEN SIE DEM EINHORN

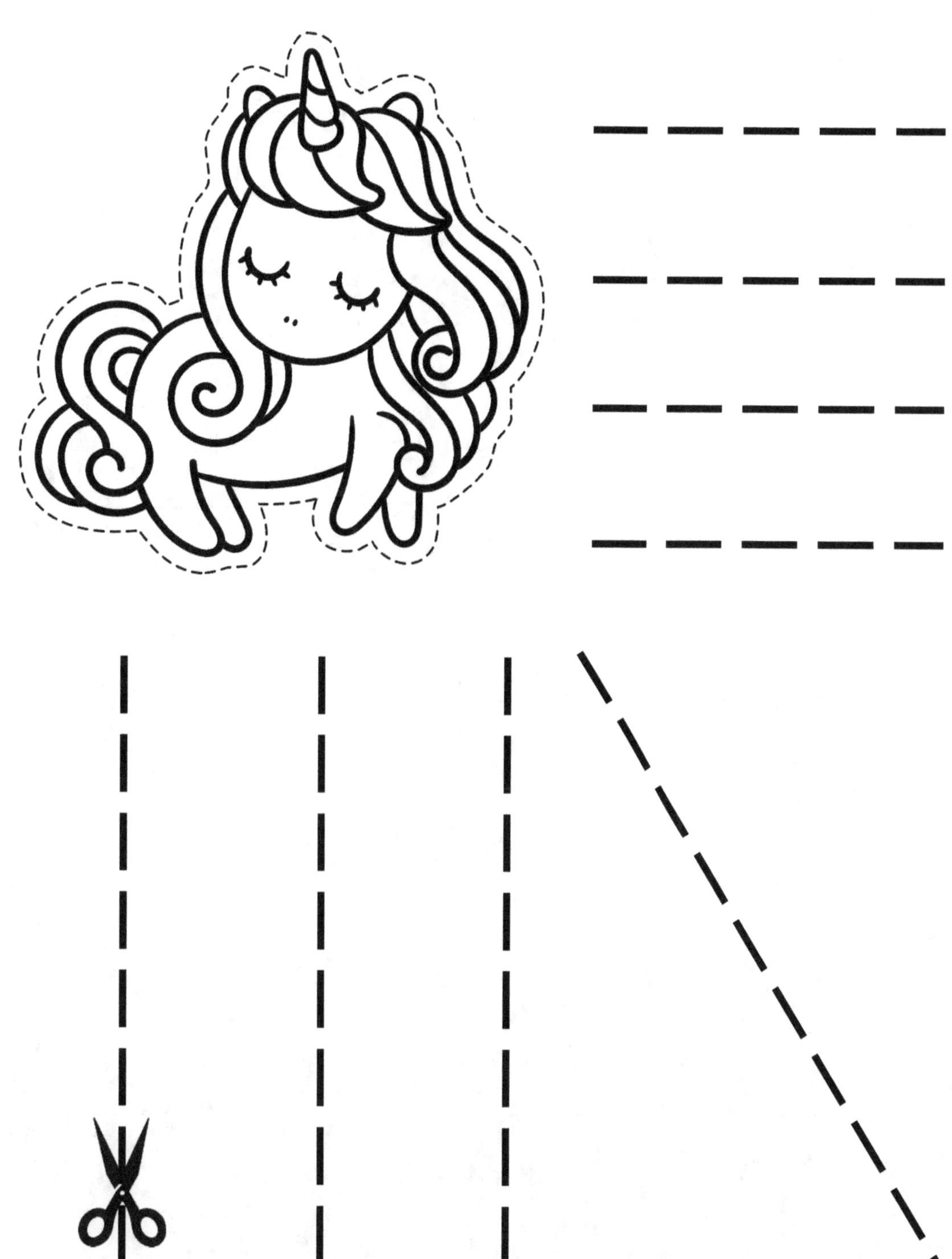

SCHNITT LINIE

FOLGEN SIE DEM EINHORN

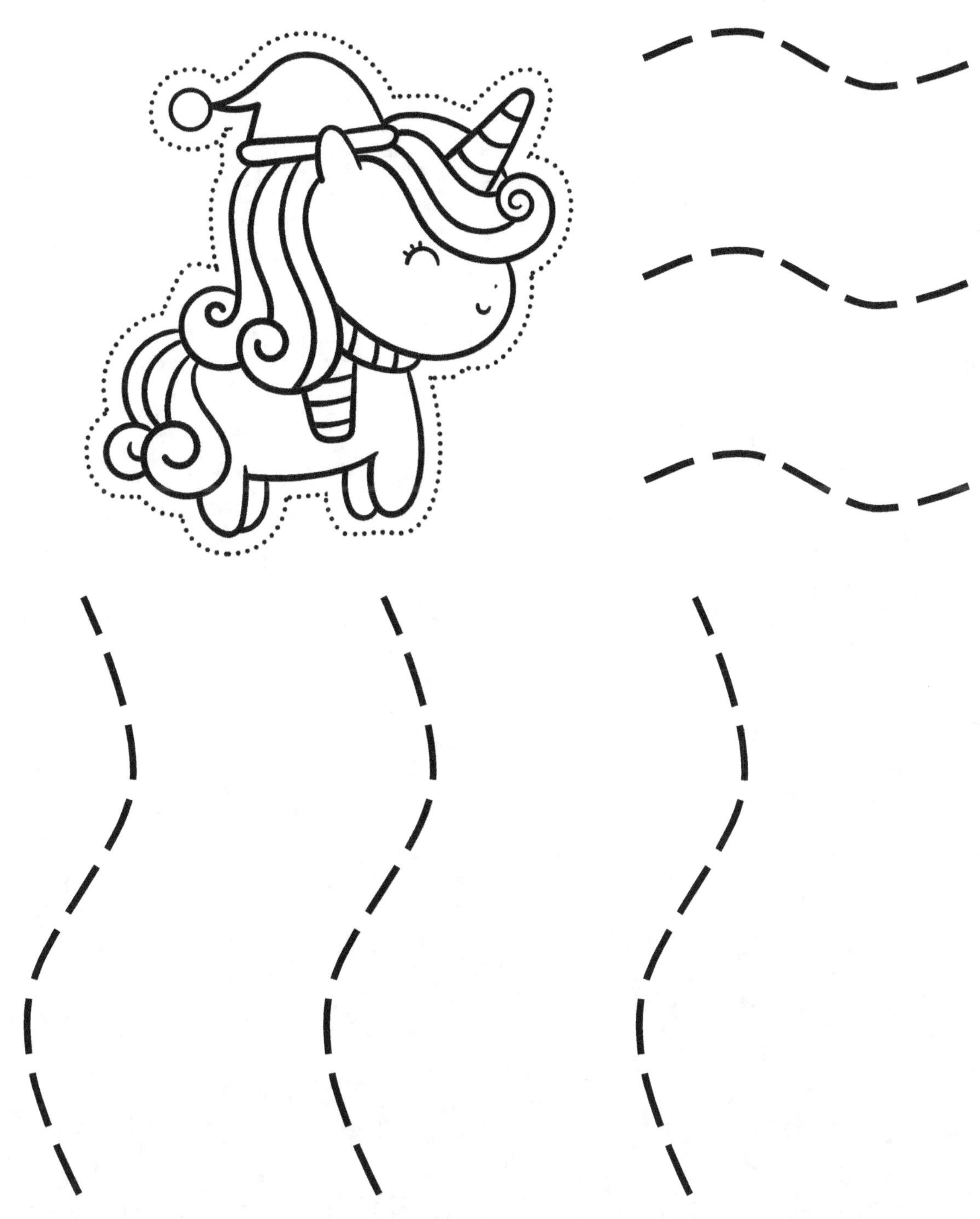

SCHNITT LINIE

FOLGEN SIE DER NUMMER

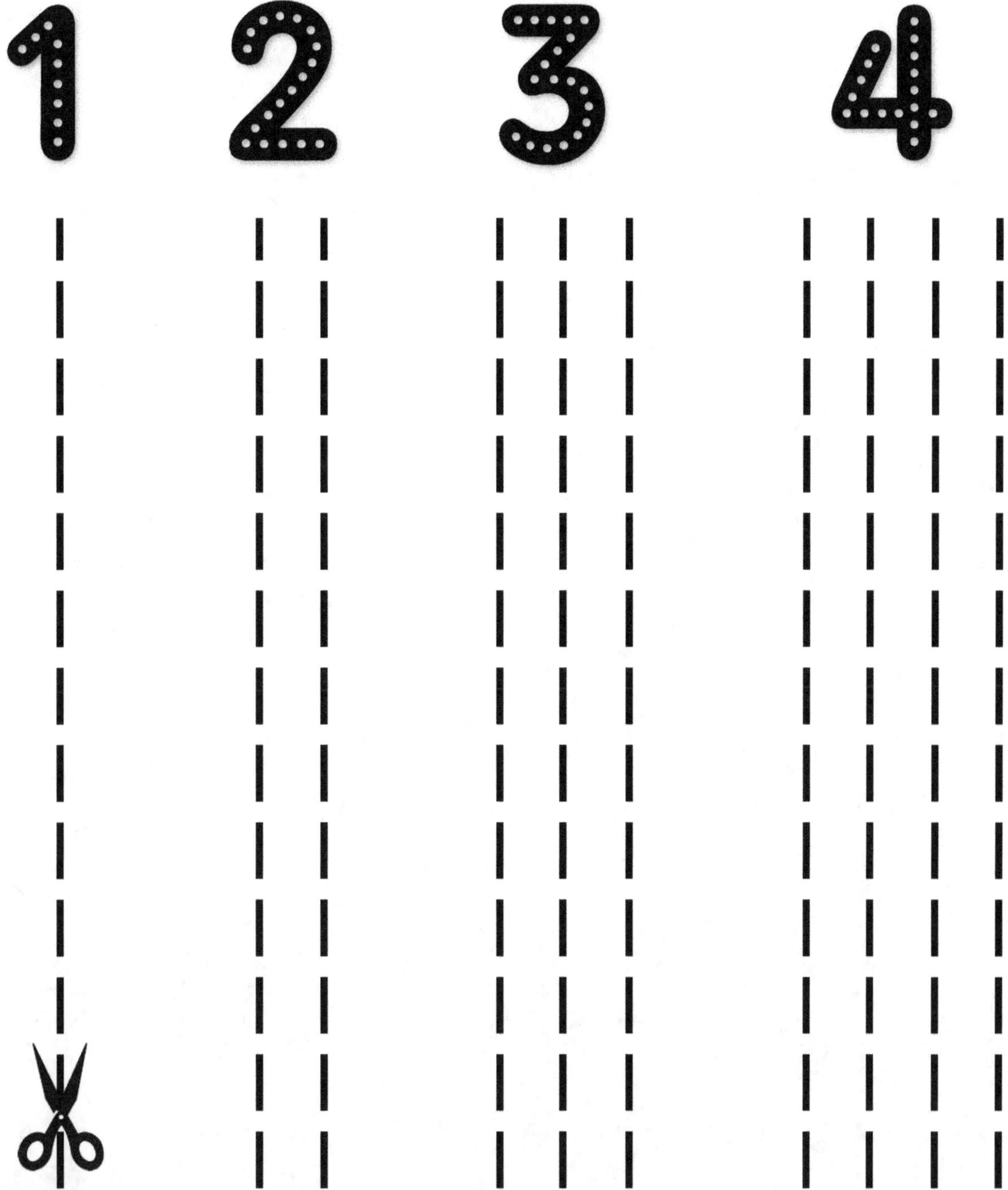

SCHNITT LINIE

FOLGEN SIE DER NUMMER

1

2

3

4

SCHNITT LINIE

FOLGEN SIE DER NUMMER

1

2

3

4

SCHNITT LINIE

FOLGEN SIE DER NUMMER

1

2

3

4

SCHNITT LINIE

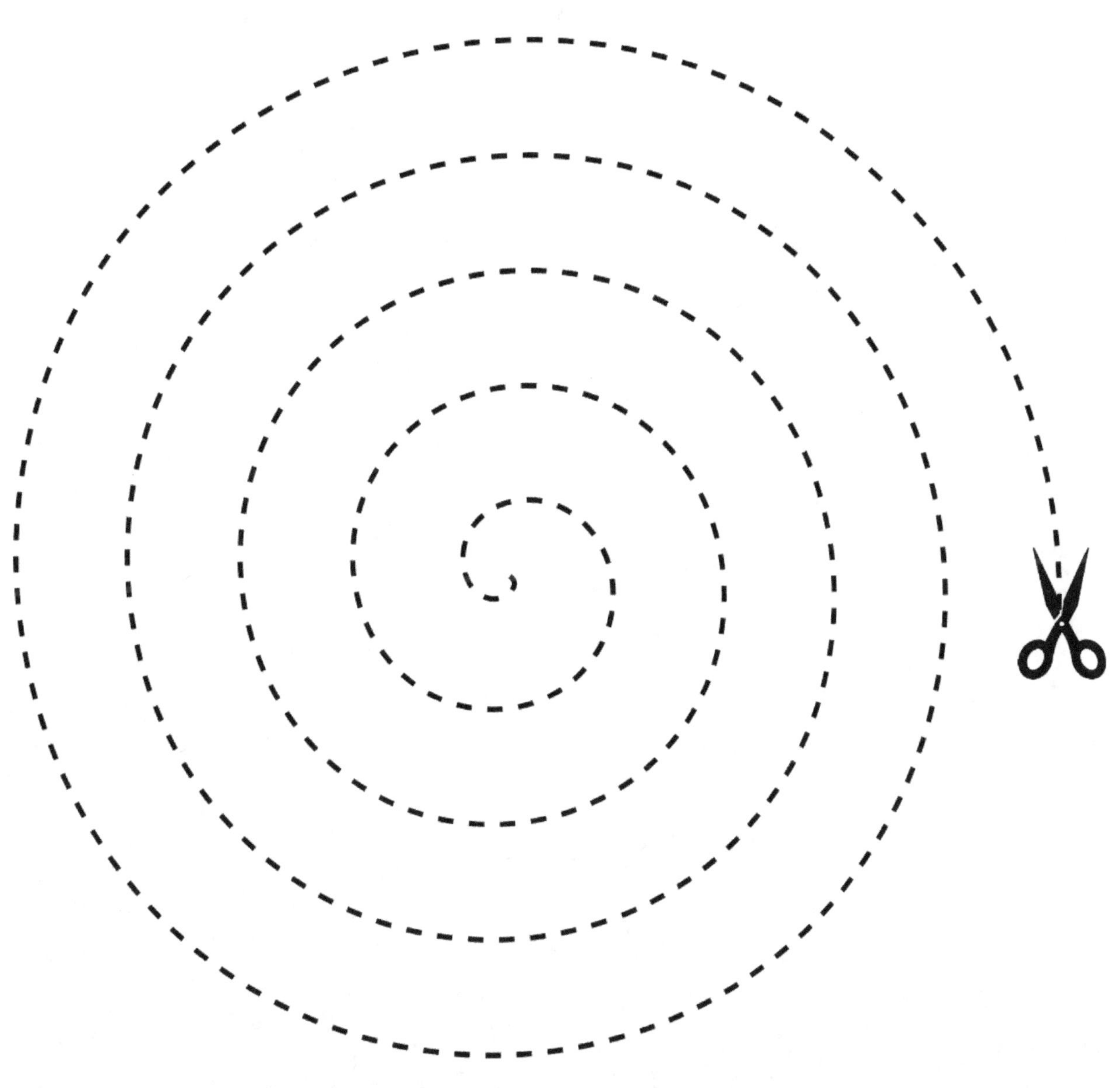

SCHNITT LINIE

SCHNITT LINIE

SCHNITT LINIE

SCHNITT LINIE

SCHNITT LINIE

SCHNITT LINIE

SCHNITT LINIE

SCHNITT LINIE

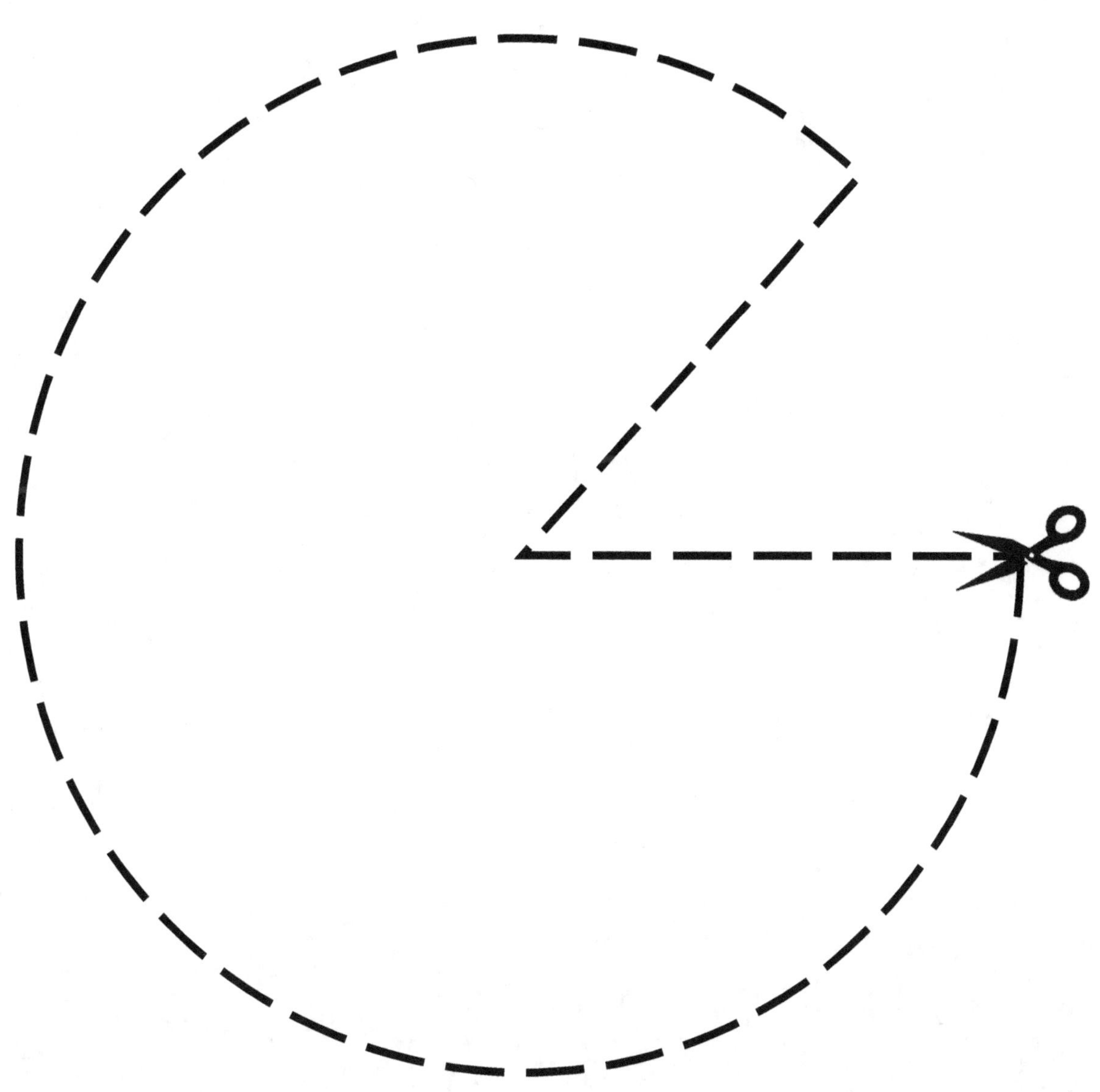

MALEN UND SCHNEIDEN

MALEN UND SCHNEIDEN

MALEN UND SCHNEIDEN

MALEN UND SCHNEIDEN

MALEN UND SCHNEIDEN

MALEN UND SCHNEIDEN

MALEN UND SCHNEIDEN

MALEN UND SCHNEIDEN

MALEN UND SCHNEIDEN

MALEN UND SCHNEIDEN

MALEN UND SCHNEIDEN

MALEN UND SCHNEIDEN

MALEN UND SCHNEIDEN

MALEN UND SCHNEIDEN

MALEN UND SCHNEIDEN

MALEN UND SCHNEIDEN

MALEN UND SCHNEIDEN

MALEN UND SCHNEIDEN

MALEN UND SCHNEIDEN

AUSSCHNEIDEN UND EINFÜGEN

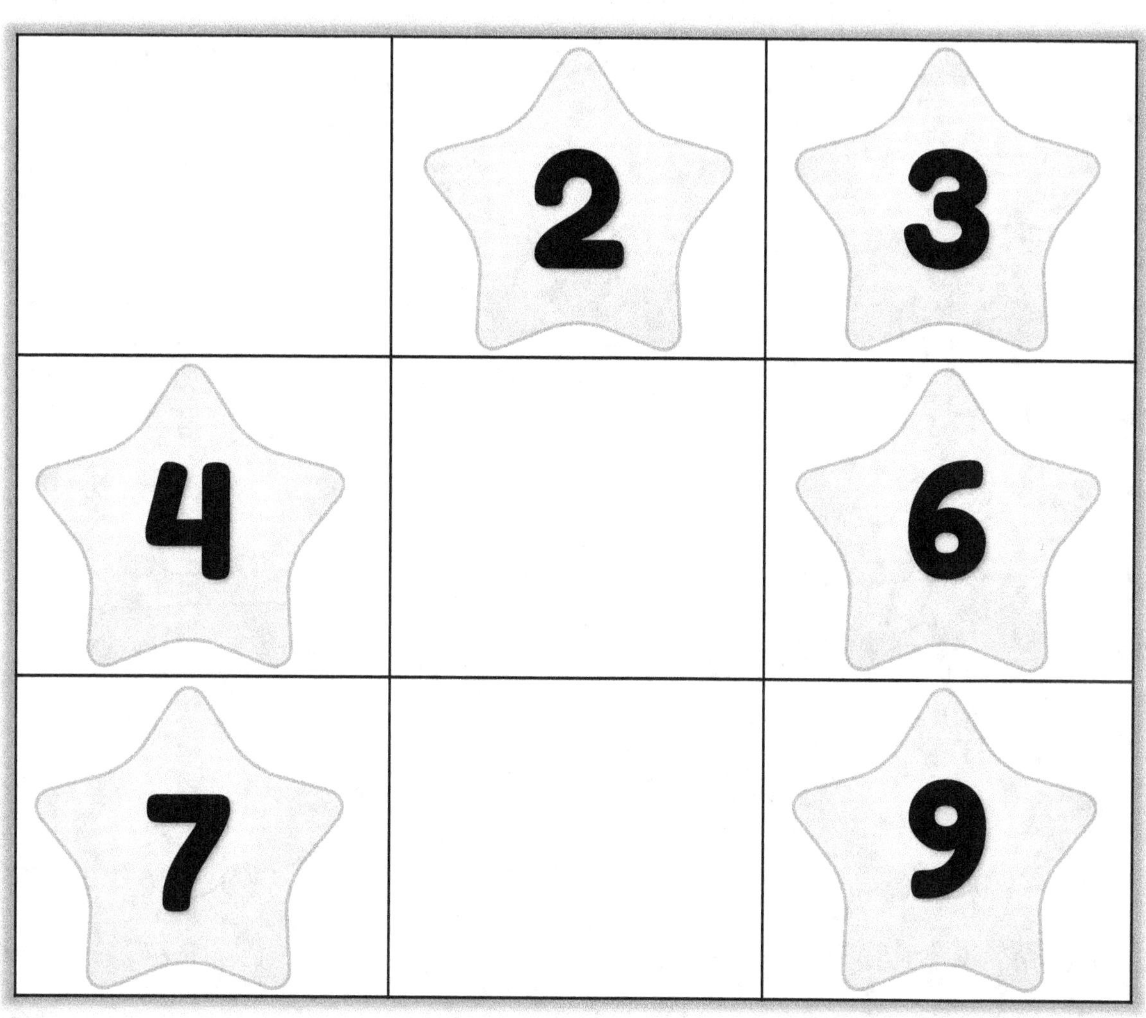
2
3
4
6
7
9
8
5
1

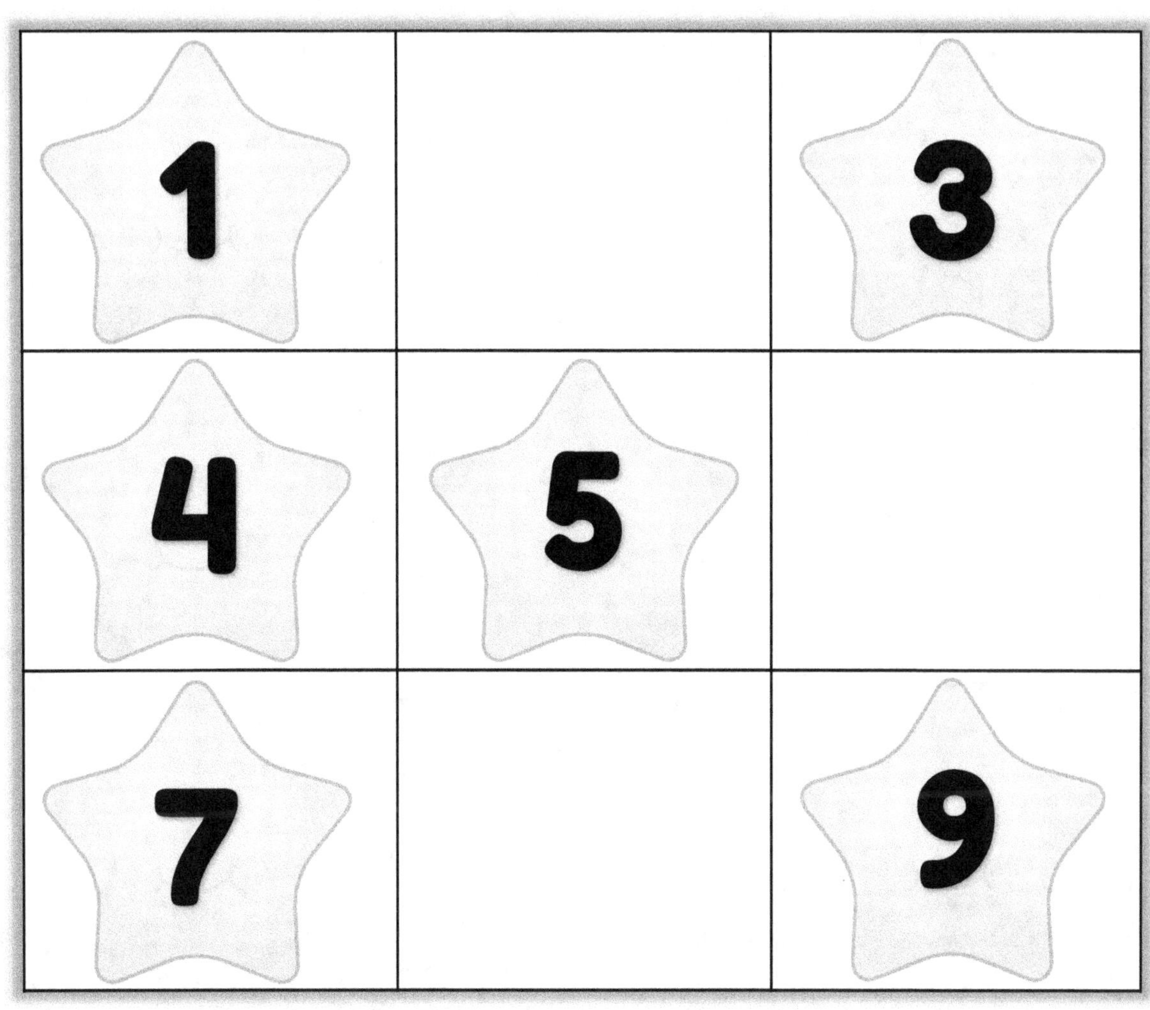

1
3
4
5
7
9
8
6
2

AUSSCHNEIDEN UND EINFÜGEN

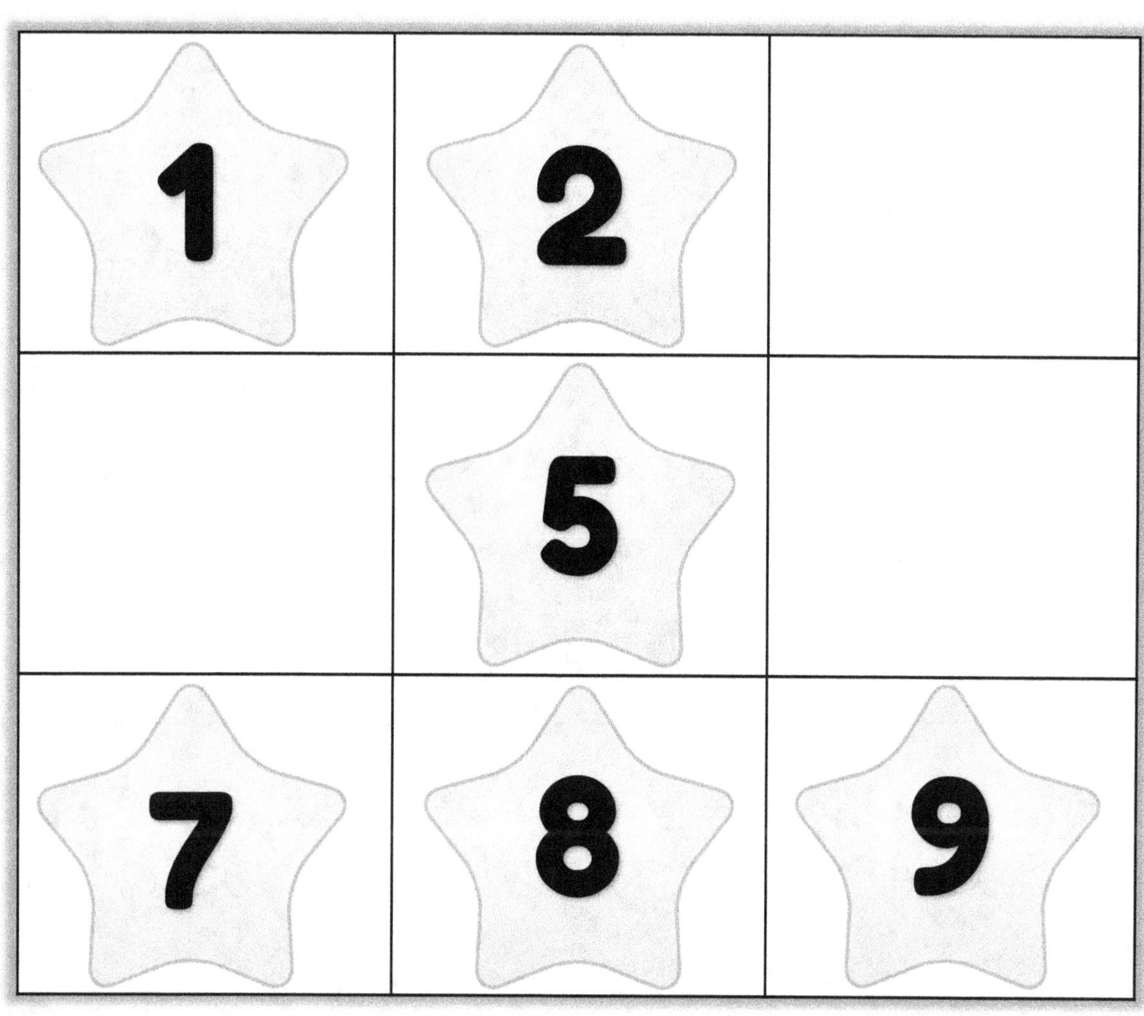

AUSSCHNEIDEN UND EINFÜGEN

A
C
D
G
H
I
B
E
F

AUSSCHNEIDEN UND EINFÜGEN

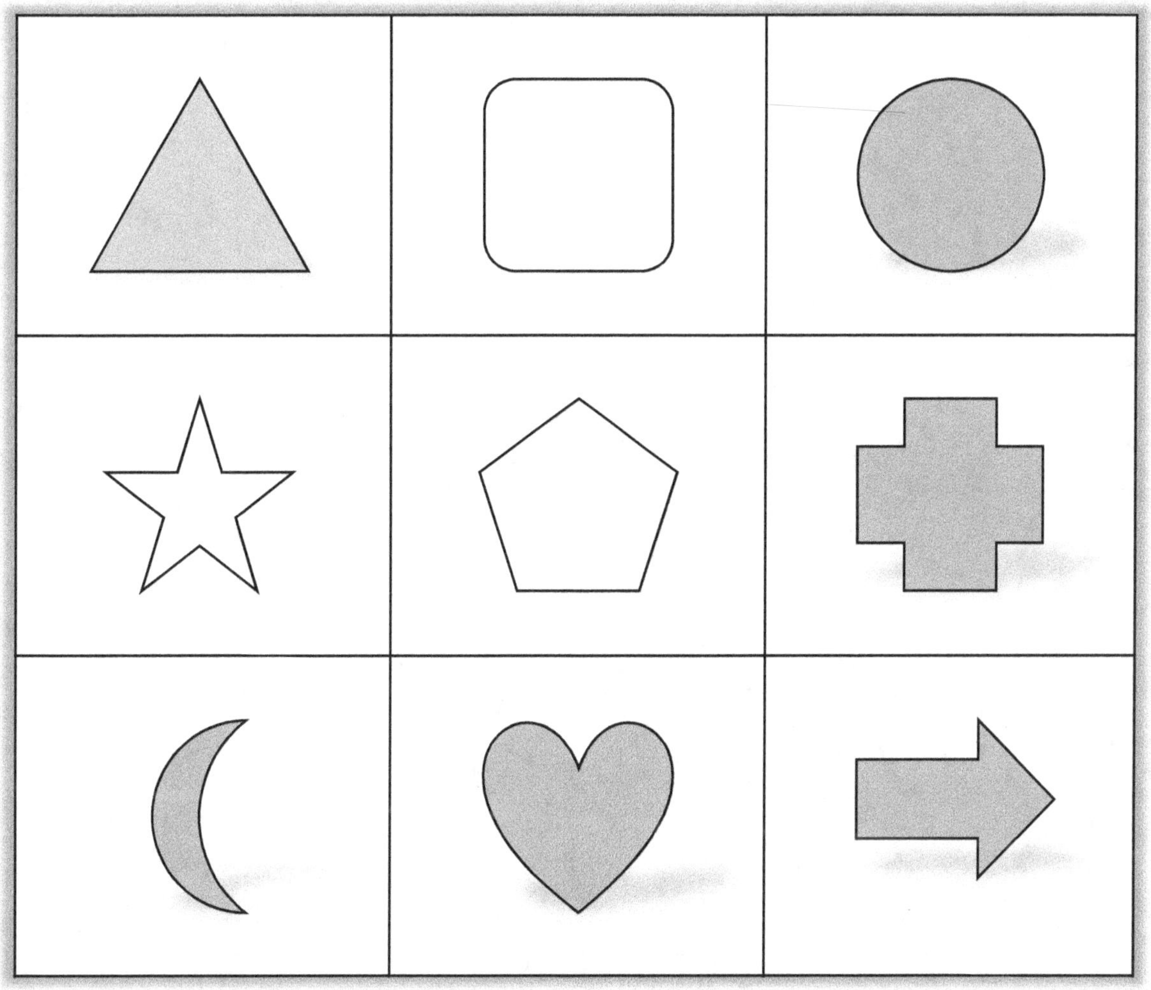

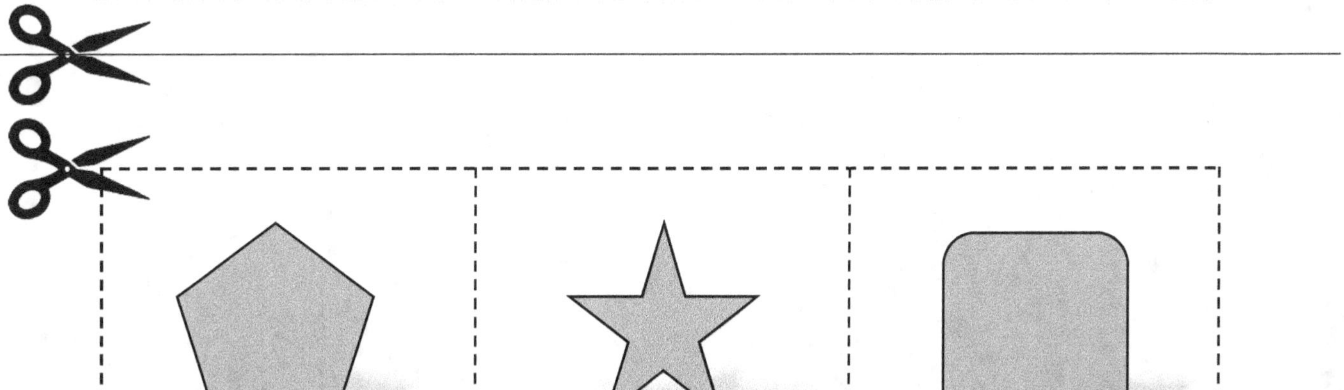

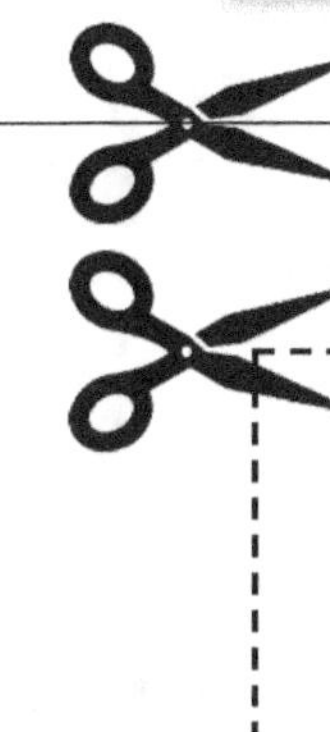
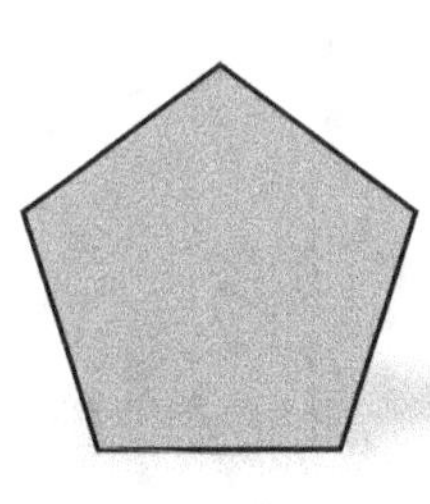

SCHNEIDEN UND KLEBEN

SCHNEIDEN UND KLEBEN

SCHNEIDEN UND KLEBEN

SCHNEIDEN UND KLEBEN